**EDITORA AFILIADA**

Dados Internacionais de Catalogação na Publicação (CIP)
(Câmara Brasileira do Livro, SP, Brasil)

---

Lamanno, Vera Lúcia C.
 Repetição e transformação na vida conjugal : a psicoterapia do casal / Vera Lúcia C. Lamanno. — São Paulo : Summus, 1994.

 Bibliografia.
 ISBN 85-323-0451-6

 1. Casais 2. Psicoterapia de casal I. Título.

94-0292
CDD-616.89156
NLM-WM 420

---

Índices para catálogo sistemático:

1. Casal : Psicoterapia : Medicina 616.89156
2. Psicoterapia de casal : Medicina 616.89156

# REPETIÇÃO E TRANSFORMAÇÃO NA VIDA CONJUGAL

## A Psicoterapia do Casal

Vera Lúcia C. Lamanno

*REPETIÇÃO E TRANSFORMAÇÃO NA VIDA CONJUGAL*
— *A psicoterapia do casal*
Copyright © 1993
by Vera Lúcia Colussi Lamanno

Ilustração da capa:
*Fábio A. Adamo*

*Proibida a reprodução total ou parcial
deste livro, por qualquer meio e sistema,
sem o prévio consentimento da Editora.*

*Direitos desta edição
reservados por*
*SUMMUS EDITORIAL LTDA.*
*Rua Cardoso de Almeida, 1287*
*05013-001 — São Paulo, SP*
*Telefone (011) 872-3322*
*Caixa Postal 62.505 — CEP 01295-970*

*Impresso no Brasil*

*Aos meus pais,
Miguel e Zilzer,
a minha gratidão.*

# SUMÁRIO

INTRODUÇÃO ............................................... 9

I. O PSIQUISMO DA RELAÇÃO CONJUGAL .... 11

II. ATUAL E VIRTUAL FUSIONADOS: O universo ilusório da relação ......................................... 25

III. REPETIÇÃO E TRANSFORMAÇÃO NA VIDA CONJUGAL .................................................. 31

IV. ORGANIZAÇÃO PSICÓTICA E ORGANIZAÇÃO NÃO-PSICÓTICA DA RELAÇÃO CONJUGAL 41

V. O TODO, A PARTE E UM TODO À PARTE: Um casamento compulsivo-perverso ....................... 53

VI. CAÇADORES DE ILUSÃO: Um casamento narcísico-perverso ........................................... 67

VII. A PSICOTERAPIA DO CASAL ..................... 83

VIII. TRANSFERÊNCIA E CONTRATRANSFERÊNCIA NA PSICOTERAPIA DO CASAL ............. 95

IX. Notas Bibliográficas ...................................... 103

# INTRODUÇÃO

Há alguns anos venho estudando as relações de família. Num primeiro momento, logo após ter completado o treinamento em psicoterapia de família e casal surgiu em mim uma forte necessidade de organizar um arcabouço conceitual a respeito das diversas teorias e técnicas existentes nessa modalidade terapêutica. Resultou daí o livro *Terapia Familiar e de Casal*.

Posteriormente, na medida em que me desenvolvia na clínica, os postulados psicanalíticos foram se mostrando cada vez mais pertinentes para esse tipo de trabalho e apareceu o desejo de entender os aspectos mais primitivos do eu e como esses aspectos chegam à superfície e se configuram numa relação conjugal. O fruto desse interesse culminou em um trabalho intitulado *Relacionamento Conjugal: uma abordagem psicanalítica*.

Mais recentemente, e sobretudo através da atividade docente, fui percebendo que se fazia necessário uma formulação teórica do psiquismo conjugal, das diferentes formas de interação que um casal pode estabelecer ao longo da convivência e, mesmo correndo o risco de uma simplificação exagerada, introduzir idéias sobre o que seria uma organização psicótica e uma organização não-psicótica de casamento.

Assim, o objetivo deste trabalho é uma tentativa de organizar um pensamento sobre essas questões e também esboçar um ponto de vista sobre a terapêutica do casal.

Entretanto, ao tentar formular conceitos sobre as relações humanas, um campo que vem fazendo rápidos progressos, não se pode evitar de repetir pensamentos de outras pessoas. Reivindico originalidade para uma pequeníssima parte do que será encontrado nas páginas que seguem, pois a grande maioria do que foi formulado advém das idéias de Freud, Bion, Winnicott e Joyce McDougall, embora não estejam submetidas a uma distinção rigorosa e nem a uma descrição minuciosa.

Não poderia também deixar de mencionar a influência dos conceitos de campo/relação e ruptura de campo desenvolvidos por Fábio Herrmann, nesta minha apreensão do psiquismo conjugal.

Este livro nasceu de uma escuta que tenta flagrar algo além do que cada um dos cônjuges traz, ou seja, a interação estabelecida entre eles, interação essa possível de ser adjetivada diferentemente em função de suas características predominantes.

Isso se tornou viável na medida em que me propus descrever e discutir a vida dos casais a partir do que vivenciei na clínica. Os casais aqui apresentados foram atendidos e supervisionados em Londres, o que me dá maior liberdade para escrever sobre eles de forma mais detalhada, sem que suas privacidades sejam por demais perturbadas.

*Vera Lamanno*
Setembro/93

# I. O PSIQUISMO DA RELAÇÃO CONJUGAL

Que forças estão em jogo na escolha do parceiro para o casamento? O que impele ou impede um indivíduo de se unir ao outro com o intuito de se casar?

Roland Barthes, em seu *Fragmentos de um discurso amoroso*[1], perguntava-se: "Eis um grande enigma do qual nunca terei solução. Por que desejo esse? Por que o desejo por tanto tempo, languidamente? É ele inteiro que desejo (uma silhueta, uma forma, uma aparência)? Ou é apenas uma parte de seu corpo? E nesse caso, o que nesse corpo amado, tem tendência de fetiche em mim? Que porção, talvez incrivelmente pequena, que acidente?"

Encontramos ao longo de nossa vida uma variedade de outros: são milhares de homens e mulheres dos quais desejamos centenas, mas num determinado momento, nos apaixonamos por um. Coincidência? É por mero acaso que encontramos o "lugar do outro onde meu desejo vem especialmente se fixar, o grau zero de todos os lugares onde se forma o desejo muito especial que tenho desse outro aí?"[1]

Falar de uma escolha tão rigorosa que retém o eleito exclusivo, aquele que convém ao meu desejo (que nem sei ao certo qual é), através de determinadas teorias e esquemas, causa problemas. Conceituar paixões, sei bem disso, é correr o risco de exagerar na lógica, é carregar na simplificação.

Os escritos de Barthes poderão, ao final deste empreendimento, prestar maior esclarecimento, ter mais serventia para aqueles que, como eu, têm curiosidade de desvendar o que faz um indivíduo ficar tão encantado (ou desencantado) por outro, a ponto de morar na mesma casa, dividir a mesma cama, compartilhar a mesma vida.

Com a forte sensação de arriscar-me até reduzir, a não enxergar mais nuances, proponho-me mesmo assim a decifrar um pedacinho do enigma enunciado por Barthes.

Da psicanálise advém a idéia de que todos nós temos a ilusão original representada pelo desejo de retornar a um estado ideal, livre de conflitos, um estado onde impera a recusa de separação de corpos e de indivíduos, da perda e do luto, do tempo e da morte. Temos também uma memória inconsciente que registra tudo: infância, mãe, pai, irmãos, o mundo relacional onde se desenrola a trama psíquica de Narciso a Édipo.

Denominarei *vivência virtual* as representações internas das figuras parentais vividas a partir das relações com os familiares, tendo como eixo a ilusão original.

A vivência virtual pode ser inibida e dissimulada através de uma série de mecanismos de defesa, e sublimada, ou posta a serviço da sociedade sob a forma de trabalho ou de criação artística ou intelectual. Mas nunca ficamos absolutamente livres de nossa ilusão original e do infantil que está registrado na memória inconsciente.

A vivência virtual pulsa constantemente na tocaia em busca da realização com o outro ou no outro, mais ou menos concretamente, dependendo da tolerância à frustração e da capacidade para simbolização do indivíduo.

De repente (?), algo quase inexplicável, quase inominável, acontece no encontro com aquele outro singular, alvo da correspondência daquilo que nem se sabe ao certo do que se trata.

Puro acaso? Mas o outro se encaixa nesse *tudo*: acontece um engate, uma reciprocidade harmoniosa de desejos que, por um instante, por um segundo que seja, ficam cegos, mudos e surdos, pois sua realização parece definitiva, ou definitória (?).

O congraçamento de desejos onde a palavra não consegue alcançar com facilidade, onde o racional diminui de tamanho, perde sua altivez para poder entrar.

O que um tem a oferecer ao outro engata perfeitamente no que ele espera do outro.

De repente há um ponto de intersecção de uma vivência atual com a própria vivência virtual, sendo o encontro algo que cola a vivência atual ao seu duplo simétrico, imediato e concomitante, a sua vivência virtual. O virtual, até então na tocaia, visualiza a possibilidade de realização num clima de atemporalidade, e confere ao que já foi, ou ao que nunca pôde ser, um caráter de presença e realidade.

Rubem Alves[2] fala-nos disso de forma poética: "A alma é uma coleção de belos quadros adormecidos, os seus rostos envolvidos pela sombra. Sua beleza é triste e nostálgica porque, sendo moradores da alma, sonhos, eles não existem no lado de fora. Vez por outra, defrontamo-nos com um rosto (ou será apenas uma voz, ou uma maneira de olhar, ou um jeito da mão...) que sem razões, faz a bela cena acordar. E somos possuídos pela certeza de que este rosto que os olhos contemplam, é o mesmo que, no quadro, está escondido pela sombra. O corpo estremece. Está apaixonado".

Tudo acontece aqui e agora, mas é como se fosse lá, naquele momento. Experiências psíquicas de natureza diversa, pensamentos, afetos, desejos, moções pulsionais, fantasias em todas as suas formas — idealizadas, persecutórias, amor, ódio, tudo isso volta, sai das sombras, ressurge no atual.

Para um total desprendimento? Para se livrar dessas vivências de uma vez por todas? Para ficar mais perto do original? Para que tudo seja o mesmo e para sempre?

Nos estágios iniciais da relação deseja-se uma só coisa: atuar as paixões. E atuá-las num clima de perenidade e alucinação primitiva, próprias do inconsciente.

Não à memória e à simbolização! Atuemos nossas paixões!

Vamos nos apegar louca e cegamente a uma viagem em que alucinamos ser um só corpo, uma só psique. Ou então, mergulharemos apaixonadamente numa relação cuja regra principal é manter fora da percepção todo tipo de necessidade, de desejo, de expectativa. Cada sentença deverá ser isenta de qualquer afeto, qualquer emoção. Cada narrativa deverá conter somente a materialidade dos fatos, ser pragmática, lógica, seca e sem qualquer valor afetivo manifesto. Ou ainda, vamos alucinar juntos a satisfação de nossos desejos incestuosos. Eu sou o pai que você deseja apaixonada e ardentemente, mas contanto que você me garanta o mesmo êxtase.

Nada de conversar, nada de reprimir, nada de simbolizar nossos afetos dominadores e ardentes: vamos somente atuar nossas paixões!

Talvez por isso seja tão difícil para o casal falar sobre as forças emocionais que estão em jogo, ou difícil escrever a esse respeito, tentando traduzir em um texto teórico, através da história de uma relação ou de fragmentos dela esse fenômeno interessante e curioso que é a escolha de um parceiro para o casamento. Ressurgência do anterior no atual. Força de atração, motivação para a convivência.

Todavia, permanecem as questões: essa relação será aquela? Essa relação ilumina o lugar vazio daquela que já passou? Será algo novo? Um mero retorno ao antigo? Ou algo novo feito com o antigo?

Seja qual for o conteúdo da motivação para a escolha, um conteúdo mais primitivo ou mais amadurecido (narcísico ou edípico), uma vez que no encontro ocorre um cruzamento, entre a vivência atual e a vivência virtual de ambos os envolvidos, estabelece-se um ponto, uma unidade indivisível, um *núcleo de vivência mútua*.

É um núcleo que à primeira vista constitui-se de elementos irreconhecíveis, mas cujo produto final retira da percepção conflitos e angústias, e remete o casal a um estado ilusório de completude (narcísica). No entanto o ponto de coincidência entre o atual e virtual não é uma simples composição do direito com o avesso, do claro com o escuro, de real com o imaginário, de passado com o presente.

Pelo contrário, a coalescência de uma vivência atual com a virtual está mais próxima da imagem de um vale de espelhos, com desdobramentos que giram constantemente ao redor de si mesmos em movimentos infindáveis entre refletido e refletor.

Assim começa uma relação — um *encaixe perfeito*, um desfecho narcísico "perfeito" para conflitos e angústias antigas, na medida em que afasta da percepção tanto o fantasma do desamparo quanto o da castração, a partir do qual as vivências atuais e as vivências virtuais de cada um multiplicam-se e potencializam-se como as imagens refletidas num vale de espelhos. O que resulta daí é um enredo cujos personagens pertencem ao atual, ao mesmo tempo em que reproduzem algo que já não é mais. Várias facetas coincidem: a mãe e a criança, o pai e a criança, o casal e a criança que foram e o homem e a mulher encontrando-se no atual.

Não estou apontando nada muito novo nos fenômenos que já são conhecidos. Estou falando dos aspectos transferenciais e contratransferenciais, dos conluios, dos mitos, dos contratos inconscientes presentes em qualquer relação.

O que denominei núcleo de vivência mútua (ponto de intersecção entre uma vivência atual e sua vivência virtual), corresponde, penso, ao que Fábio Herrmann[3] chama de campo. Segundo ele campo é "Tudo aquilo que determina e delimita qualquer relação humana. São regras de organização, dizem o que faz sentido num assunto e o que não faz parte dele, dizem sobretudo, que sentido faz o que está no campo".

Ao meu ver, um campo é isso, a coincidência do atual com o virtual, aquilo que dá forma e emoldura uma relação, seja para fins matrimoniais, profissionais ou de amizade.

Vários campos, várias coincidências da vivência atual com sua vivência virtual estabelecem-se ao longo da intimidade. Esses campos tendem à constância gerando certa estabilidade na relação. Alguns são transitórios, outros mais persistentes e significativos, mas todos sujeitos à ruptura e à transformação.

Imaginemos um homem que, por razões de seu mundo relacional inconsciente, só fica à vontade — em uma interação de casal — se ocupar o papel de protetor, e imagina que sua companheira necessita de suas "orientações" toda vez que lhe fala de alguma dificuldade: "Faça assim ou assado." De pronto ele oferece uma solução.

Se a companheira também, por razões de seu mundo relacional inconsciente, aceitar esse convite implícito, o padrão de interação do casal se apoiará nesse encaixe mantendo as atitudes e comportamentos que delimitam esse campo de interação.

Mas também poderíamos imaginar uma mulher que não aceita, ou que depois de um tempo de convívio deixa de aceitar esse pacto. Ela dirá: "Só quero que você me ouça; pode deixar que eu acabo descobrindo o que fazer." É possível também que o homem decida deixá-la, mas se resolver ficar com ela, esse aspecto particular da personalidade de cada um provavelmente não será ampliado com a convivência.

As dificuldades conjugais estão relacionadas aos campos que tendem a não se alterar. Minha experiência clínica tem mostrado que o núcleo de vivência mútua estabelecido nos estágios iniciais da relação amorosa é mais persistente. Por ser o primeiro organizador da relação parece o mais difícil de ser elaborado por remeter o casal, no momento da ruptura, a um profundo estado de desilusão.

Uma vez despertada a cena, o casal não consegue abrir mão facilmente, pela "certeza de que aquele rosto é o mesmo que estava escondido na sombra"[2].

Realmente, a relação conjugal, por favorecer a intimidade tanto em nível físico como mental, precipita com facilidade uma intersecção entre o atual e o seu virtual, em geral de maneira mais convincente do que em outras situações.

Para o casal, a vivência de uma ruptura entre o atual e o virtual não só traz à tona a "falha" da pessoa desejada, mas também a "falha" do contexto (o casamento) que permite facilmente alucinar a realização da ilusão original e dos conteúdos da memória inconsciente.

Lembro-me de um casal de trinta e poucos anos de idade que se conheceu, e isso relataram com um sorriso maroto, quando ela estava na faculdade. Era final de ano e ela precisava ir bem na prova de cálculo; resolveu, então, recorrer a um professor particular. Um amigo comum colocou-a em contato com um matemático recém-formado que ganhava um dinheiro extra com essa atividade.

Encontraram-se. De imediato ela deu a ele todas as suas anotações e disse: "Está tudo aí, não posso repetir o ano". Em uma semana não seria possível rever a matéria do ano todo. Tiveram uma idéia: ele faria a prova por ela.

Apostaram que no meio de tantos alunos de várias classes ninguém notaria que ele não freqüentava o curso regularmente. Dito e feito. Mas surgiu um problema, contou o marido num misto de culpa e constrangimento: "Não consegui evitar que ela fizesse o exame final: tirei a nota mínima". Conheceram-se com ela dizendo "aqui estão as minhas anotações, não posso repetir o ano". Ela estava colocando nas mãos dele a possibilidade de seu próprio sucesso.

Ele, um matemático, que provavelmente já conhecia a matéria, se faria passar por ela. Não evita de todo o fracasso, mas garante a nota mínima. Ambos são atraídos por uma relação que se inicia através de uma impostura, de um embuste e apostando que não seriam desmascarados. Assim tudo começou, ele tomando o lugar dela para que não tivesse de repetir uma experiência que, de fato, não foi aprendida. Um artifício poderoso na medida em que alimentava, dava forma e sustentação às fantasias de idealização e onipotência. Alguém que se faz passar por outro podia fazer com que o "sucesso" ocorresse de forma indolor e sem esforço. Um investimento na indiferenciação. Uma aposta que, no meio de tantos alunos, no meio de tantos aspectos indiscriminados do eu, a confusão não viria à tona, a verdade (quem é quem) não seria denunciada.

Assim eles se encontraram e continuaram.

Depois de alguns anos juntos, a mulher envolveu-se num acidente de trânsito. Assustada, telefonou ao marido, que resolveu declarar ser ele quem dirigia o carro no momento da colisão. Respondeu pelo processo evitando que a mulher assumisse a responsabilidade pelo ocorrido.

Após seis anos de casamento ele "reinava" no lar e provia o sustento do mesmo. Cuidava da casa, cozinhava, levava o filho para a escola, cuidava dos carros, das finanças e ganhava o maior salário.

A dois, instituiu-se uma relação cujas regras inconscientes giravam em torno da negação e da recusa das perdas e dos limites. Uma fantasia (vivência virtual) que era reencontrada no outro e compartilhada. Mas o que num primeiro momento serviu de força de atração e deu forma e sustentação ao encontro, tornou-se um pesadelo, um incômodo, um ponto de discórdia: o fascínio por uma impostura que não os livrou do fracasso mas que garantiu a nota mínima acabou por prendê-los num pequeno circuito no interior da relação que funcionava como limite organizador, que portava um conjunto e servia de demarcação interpessoal. (Esse casal será discutido com mais detalhes no capítulo 3.)

Encontramos casais que repetem e alastram incessantemente uma forma conhecida de interagir, passando e repassando pelo mesmo caminho desde o namoro. Mesmo reconhecendo que o conhecido está plantado em solo infértil, tem em si um certo grau de satisfação, ou, pelo menos, não promove a experiência desestruturante de percorrer o incógnito.

Não é raro encontrarmos casamentos onde só é permitido a um dos cônjuges expressar e vivenciar estados de confusão e desorganização psíquica, e ser considerado, por ambos, como o menos saudável. Ao outro, o mais "saudável" (?), cabe exercer a função de restabelecer o equilíbrio. O casal permanece cativo desse sistema fechado de interação, combatendo ardentemente qualquer modificação nessa dinâmica. Ambos coexistem e se cristalizam num circuito que abarca um único e singular enredo, onde os personagens desempenham um papel.

São personagens simples que desenvolvem um enredo constituído de poucos elementos, sem muita complexidade. No dia-a-dia não se encontra com freqüência personagens exuberantes e dramáticos como Marília e Dirceu, Fiorentina Ariza e Firmino Daza, Abelardo e Heloísa. São personagens simples como os das histórias infantis: o Gato de Botas com suas travessuras e malandragens. A Bela Adormecida esperando o Príncipe Encantado que, com um beijo, a despertará novamente para a vida. O Chapeuzinho Vermelho às voltas com o Lobo Mau, sempre prestes a devorá-la. O Pinóquio com suas mentiras e culpas. A Gata Borralheira submissa a uma série de explorações.

Uma das propriedades do psiquismo conjugal é construir o juízo da realidade com os mesmos recursos com que se constrói o juízo moral. Assim, qualquer atitude, qualquer comportamento que coloca em risco o núcleo de vivência mútua é considerado mau e, portanto, é violenta e astutamente rechaçado.

Se, por exemplo, um dos cônjuges começar a expor a realidade, seja ela qual for numa relação, que tem como regra básica inconsciente sempre dissimular o real, essa sua atitude será imediatamente desestimulada pelo outro e, por fim, por ambos. É claro que não de forma explícita e direta. O parceiro não dirá: "Não diga isso que eu passo mal". A repressão virá de maneira sutil, rastejante e silenciosa, como uma cobra. Pode-se dizer, por exemplo, que a narrativa é falsa, ou, o que é pior, inexistente: "Você está vendo coisas. Está cansada, nervosa, isso logo passa!"

A tentativa não consciente, é claro, de emudecer e paralisar o parceiro, pode ainda iniciar uma série de acusações e uma boa discussão com o intuito de desqualificar a verdade.

Há casais que só conseguem interagir de uma única maneira, uniforme e invariável, como o escorpião que só sabe picar e acaba picando a rã que o carrega para atravessar o rio, mesmo que por picá-la morra afogado.

Há relações cuja qualidade é de um tipo que não sabe mais metamorfosear, pois só podem destruir o inédito. Aí o casal encontra o seu centro, porém um centro que coincide com a morte. Por maior que seja a energia utilizada na relação, já não se consegue mais transformá-la. Por trás da rã, por trás da intenção de continuar juntos, existe o escorpião, a interação doente de si mesma.

Essa tendência a manter um padrão relacional específico que foi estabelecido nos estágios iniciais da relação, pode restringir e reduzir a realidade de tal forma que os cônjuges passam a agir como personagens que desempenham um papel repetitivo, num enredo simplório sem muitos aparatos ou oscilações.

Com que finalidade e por que uma relação tende à repetição, à atuação e à não simbolização? Qual a razão de ser dessa regra fundamental?

Pela recusa de perder de vista o eu conhecido e desejado, o outro conhecido e desejado. Pela recusa de reencontrar conflitos e angústias antigas ilusoriamente tidas como inexistentes ou resolvidas para sempre.

Mas essa é apenas uma vertente da história. Por mais que um casal insista na perpetuação de uma determinada maneira de se relacionar, algumas experiências próprias da convivência promovem alterações. "Cedo ou tarde, contudo, descobre-se que o rosto não é aquele. E a bela cena retorna a sua condição de sonho impossível da alma. E só restará a ela alimentar-se da nostalgia que rosto algum poderá satisfazer" (Rubem Alves)[2].

A decisão de morar na mesma casa, a chegada do primeiro filho e o início da vida familiar, o nascimento de outros filhos, a morte dos avós, a adolescência dos filhos, o casamento dos mesmos, são todos momentos críticos na vida de um casal.

São momentos que favorecem um estremecimento na representação que ambos têm de si mesmos e da relação. Momentos em que se perde de vista o idêntico, o igual ao mesmo, o corpo total, a satisfação plena. Por outro lado, também são momentos em que se tem a possibilidade de entrever o virtual, o mundo inconsciente que delimitava e determinava a relação. Como diz Herrmann[3]: "Um campo não é um inconsciente segundo, mas da sua ruptura, nasce a possibilidade de vislumbrar suas regras inconscientes". É um processo indispensável ao crescimento individual e da relação, pois o apego apaixonado às fantasias inconscientes impede a realização sublimatória, prejudicando, assim, as atividades simbólicas.

Às vezes, cansados de ir de uma estação à outra, de um canto a outro, de um obscuro a outro, o casal deseja permanecer no conhecido, manter intacto o que os fascinou num primeiro instante arriscando encontrar o gozo somente na prisão do delírio. Trata-se de uma prisão mascarada pela fantasia de estar vivendo no paraíso das certezas e do poder do controle. Outros transformam-se em meros caçadores de ilusão, pulando de uma relação a outra, vivendo casamentos temporários, sem raízes e alicerce.

Nesse *princípio de transitividade* habita o casal, qualquer casal. No entanto, na maioria das vezes os cônjuges não têm consciência disso, dessa premissa alternativa que povoa grande parte da vida a dois, de uma situação por vezes embaraçosa cujas saídas são difíceis e penosas e à qual estão subjugados.

Sem desordem não há possibilidade de se desenvolver uma relação; sem ordem, porém, tampouco é possível. Delicado equilíbrio!

Despir-se do conhecido é quebrar a quietude, provocar agitação. É deparar-se com aspectos desconhecidos e intoleráveis da própria mente, do outro e da relação. É confrontar-se com a dor que evoca a morte do anterior e o reconhecimento dos limites da relação. Salto no vazio, o encontro com uma solidão mais nova e ainda mais completa.

Não por acaso encontramos na literatura histórias de amor com finais trágicos, paixões que culminam em morte. Recentemente, excursionando por *Contos e Lendas de Amor*, observei que quase todos eles falavam de jovens bonitos e apaixonados que não conseguiam chegar ao casamento e constituir uma família. Feiticeiras atrapalhavam a felicidade dos enamorados, a guerra levava o companheiro amado, a impossibilidade de estar juntos porque um deles deve se casar com outro que jamais poderá amar. No final, os jovens se transformam em estátuas de pedra, em cactos, flores, insetos que cantam até arrebentar de amor, em aves multicoloridas, murmúrios ouvidos na floresta quando à noite o vento agita o galho das árvores frondosas.

São histórias de jovens que desejam manter a qualquer custo o que os atraiu num primeiro momento, o que deu sentido ao "ficar juntos para sempre", nem que para isso tenham de renunciar à condição de ser humano e transformar-se em pedra, pássaro, flor ou um mero murmúrio na floresta.

A morte dos amantes em pleno gozo da paixão é, no entanto, uma guinada interessante da realidade. Mortos, a história não continua, as belas cenas não retornam à condição original — os sonhos impossíveis da alma. O estado de apaixonamento é, assim, eternalizado com a morte.

Somente uma entre todas as lendas do livro acima mencionado não tinha um final funesto. Pelo contrário, terminava com uma frase bem conhecida de todos nós: "casaram-se e foram felizes para sempre". Nessa, como na maioria das que falam de amor, o que acontece após o casamento não foi narrado. O final abrupto transmite a idéia de que casar é um ato em si mesmo. Não conta, por exemplo, as brigas infindas ao redor de temas bem conhecidos de qualquer casal: a manutenção da casa, a educação dos filhos, a relação sexual.

Lembro-me de vários casais cujo ponto principal de discórdia ocorria logo pela manhã ao escovar os dentes. Para um deles deparar com o tubo espremido ao meio despertava um ódio incontrolável. Para o outro, recordo-me bem, ver o queijo sendo esburacado pela mulher, ao invés de cortado simetricamente, era motivo para meses de briga. A mulher tentava explicar que esse seu hábito fora transmitido por seus pais, imigrantes italianos. Mas para o marido não existia nada pior do que ver a iguaria sendo digerida de forma tão grotesca.

Esses pequenos pontos de discórdia, parte do dia-a-dia de qualquer casal, podem parecer banais mas são carregados de significados amplos, profundos e pouco accessíveis à consciência. Casaram-se e foram felizes para sempre é um sonho transmitido de geração a geração através da literatura. Uma imagem reduzida e distorcida da realidade que fascina até mesmo os estudiosos da área.

Não é raro depararmos com livros sobre casamento e psicoterapia de casal que passam a idéia de que, uma vez elaborados o ciúme e a inveja, uma vez compreendido que o casal repete na relação atual o modelo de um pai poderoso, de uma mãe inacessível, uma vez desfeita a ilusão da satisfação plena, finalmente será alcançada uma relação mais prazerosa. Outros, baseando-se na teoria dos sistemas, falam de um padrão repetitivo de interação que deverá ser rompido com o intuito de conseguir um casamento mais satisfatório. Como se a repetição e a inovação fossem constituídas de extremos a serem atingidos em linha reta, sem desvios e sem retorno.

Uma vez vencidas determinadas barreiras, o casal se ajustará numa relação em que irá reinar a autonomia, a individualidade e a interdependência, palavras comumente encontradas nos escritos sobre o tema.

No entanto, as lendas nos mostram não só uma certa resistência do casal apaixonado em buscar outras maneiras de satisfazer seus desejos, mas também que o fato de romper o que os atraiu, deixando sair, como que por uma fenda, a indiscernibilidade do atual e do virtual, é transformação pura e irresistível.

A rara coragem de desejar o inusitado, de invocar o imprevisto, aparece em toda sua potência, como no alarde lírico de Appolinaire: "Eu sou o invisível que não desaparece. Eu sou como a água. Vamos! Abra as eclusas que eu me precipito e transtorno tudo".

Se, por um lado, é inevitável romper os vários encaixes entre uma vivência atual e sua vivência virtual, por outro não existe a opção de se livrar desses encaixes de forma definitiva.

Assim, uma relação passível de desenvolvimento movimenta-se num constante resistência às rupturas, enfrentando-as, achando-as irresistíveis, vislumbrando as forças emocionais inconscientes que estavam em jogo, deparando com outras forças que eram mantidas subordinadas e não tiveram tempo de desenvolver seus efeitos.

Os circuitos entre o consciente e o inconsciente que vão se alargando no dia-a-dia remetem, por um lado, a um pequeno circuito no interior da relação entre uma vivência atual e sua vivência virtual. Por outro, remetem a circuitos virtuais cada vez mais profundos que mobilizam as experiências inconscientes, nas quais os circuitos relativos imergem para delinear o atual. Tudo isso é permeado por colheitas provisórias: "Campos virando relações de outros campos".[3]

Uma relação conjugal viva e criativa desliza entre a manutenção e o desdobramento de uma forma peculiar de interação e de sua transformação em outras, mas não sem desvios nem de forma ascendente e linear, e sim num constante ir e vir, ir mais além e retornar.

A aniquilação dessa variação e instabilidade inerentes ao ser e às relações leva, inevitavelmente, à decadência e à degeneração.

No entanto, tolerar o gradual aumento de intimidade do casamento e a conseqüente liberação dos aspectos primitivos e difusos da personalidade implica certos pré-requisitos. É preciso haver um certo grau de aceitação dos riscos implícitos no ato de abandonar-se plenamente na relação com o outro, mas sem perder o sentido do eu. É preciso haver uma capacidade de empatia contínua, mas não de um estado primitivo de fusão característica de um casamento com uma organização psicótica. É preciso tolerar a beleza triste e nostálgica do amor, provocada pela percepção contínua de que os "belos quadros adormecidos, inevitavelmente retornam a sua condição original — sonhos impossíveis da alma".

Para que a relação se desenvolva é necessário que os cônjuges teçam, como Penélope, hábil e corajosamente tecendo a espera, um envoltório forte o suficiente para suportar rupturas e o surgimento de forças emocionais até então mantidas inacessíveis à consciência, mas não muito rígido ao ponto de impedir que elas ocorram.

Exige-se de um casal generosidade e tolerância em diversos aspectos. Exige-se a máxima generosidade e tolerância: a convivência transitiva.

Indivíduos que apresentam narcisismo patológico e conflitos edipianos pouco elaborados terão inúmeras dificuldades para tolerar tanta exigência.

No entanto, é preciso salientar que mesmo para aqueles que não apresentam um comprometimento mais acentuado em sua personalidade, os circuitos inéditos de interação não surgem do nada e nem se dão em direção a um vácuo, mas ocorrem por efeitos cumulativos, por saturação e depuração.

É na repetição de uma determinada forma de se relacionar que o casal pode, aos poucos, ir mergulhando num estado vertiginoso, onde o conhecido começa a cair como as folhas amarelecidas do outono. Um acontecimento que ocorre ano após ano, mas nem por isso se pode dizer que os fenômenos repetitivos próprios da natureza são meras reiterações.

É sobre isso que falarei nos próximos capítulos. Sobre como uma relação se transforma na repetição, sob que forma aparecem as vivências virtuais, como elas se intersectam com as vivências atuais e como, a partir de movimentos miúdos de rupturas e reconstrução, pode surgir devagar e mansamente, uma transformação.

## II. ATUAL E VIRTUAL FUSIONADOS:
## o universo ilusório da relação*

Caminho nesse instante, na história de um casal. Meu contato com eles foi durante o meu treinamento e em co-terapia. Aconteceu há muitos anos. Vasculho as minhas anotações.
Encontro relatos de sessões e comentários decorrentes das supervisões. Deslizo em minhas memórias...
Uma história até certo ponto caricatural de casamento e separação. O casal me causou perplexidade e confusão, e por isso mesmo estimulou a minha curiosidade sobre os movimentos inesgotáveis e incomparáveis de ação e oposição ao casamento.
Um casal de uns quarenta anos. Casaram-se jovens, aos vinte e poucos anos de idade. Tinham duas filhas e progrediram financeira e profissionalmente. Entra em cena um outro homem, amante da mulher, e com ele a idéia de divórcio.
Nunca tinham brigado até a intrusão, segundo o relato do marido, de outro homem na relação. O que parecia uniforme e estável irrompe em agitação, ansiedade e muitas acusações. Ela diz que nunca tinha amado o marido e que desde o início estabelecera um forte laço de amizade, mas não de amor por ele, que sempre fora confiável, até a esposa o trair.
Assumiam posições antagônicas quanto à possibilidade de continuar juntos. Ela não queria. Ele sim. Ela dizia que a relação sempre tinha sido insatisfatória. Ele, que o casamento fora, até a chegada do amante, estável e honesto.

---
* O casal aqui apresentado foi também discutido em "Casamento e Divórcio: um estado mental", *in Amor, casamento e separação: a falência de um mito*, org. Ieda Porchat, Editora Brasiliense, 1992.

Procuraram ajuda em busca de uma solução. Esperavam que os psicoterapeutas fossem capazes de desempatar a situação de impasse e teriam de agir rápido, pois eles não agüentavam mais viver nessa não resolução.

A mulher acreditava que, se o marido concordasse com o divórcio, tudo estaria resolvido. O marido, ao contrário, achava que se ela decidisse permanecer no casamento, sairiam da crise.

Movidos pelo simplismo habitual, pela tendência inconsciente de relegar o mundo mental a quase nada, ambos insistiam na solução que se resumia a continuar juntos ou promover o divórcio. O casamento em si, como veremos mais adiante, fora calcado nesse mesmo princípio, como uma maneira de livrá-los da angústia, da culpa e da tensão.

A imagem do homem traído, da mulher traidora e do amante apaixonado não dava lugar a nenhuma outra fabulação. Estava fora de cogitação a idéia de permanecer o marido, a mulher e o amante, todos insatisfeitos, traídos e traidores em algum aspecto. Não no mesmo grau ou na mesma potência. Cada um deles, de forma peculiar e por motivos próprios evocava um mundo verdadeiro e sentia-se atraído se esse mundo não lhe fosse revelado. Uma posição, portanto, reducionista: um mundo ideal livre da angústia, das perdas e das variâncias, evitando, assim, um encontro extraordinário de cada um consigo mesmo.

Incapacitados de perceber o objetivo e o subjetivo, o sim e o não misturados em prol de um circuito em que pudessem se contaminar, se decompor e se recompor, o casal buscava com insistência o límpido, o certo e o claro, através dos terapeutas.

Durante o tratamento, um novo impasse. Eles queriam uma solução, buscavam uma decisão que, além do mais, teria de vir sem causar dor e ressentimento. Os terapeutas, cada um por seu lado, estava curiosos com as peripécias do desejo dos cônjuges, desejos esses saltitantes, porém velados.

Eles reclamavam. Achavam que a terapia lhes criava mais desconforto do que alívio. Rejeitavam nossas interpretações e intensificavam o pedido de ajuda no sentido de decidir em favor do divórcio ou da continuação do casamento. Queriam nossa opinião. Recorro a um trecho de uma sessão:

Ela (para a psicoterapeuta) "— *Você não acha que se eu me separar vai existir um espaço maior para as minha filhas? Separando-me, vou ajudá-las nessa tão falada quebra de vínculo simbiótico.* Eu li o livro Minha mãe e eu mesma, *e achei que se eu me divorciar irei ajudar minhas filhas nesse processo.*"

Uma pergunta seguida de várias outras. Ela queria que a psicoterapeuta desse seu parecer. Queria saber por que não sentia culpa e o marido, raiva. Por que não sentia a perda de alguma coisa caso se divorciasse... por que não estava triste....

A psicoterapeuta viu-se acuada, invadida, pressionada. A mulher olhava ansiosa, esperava uma resposta. A psicoterapeuta não conseguia dizer nada. Faz uma pausa e então diz, ou melhor, repassa ao seu colega a angústia que sente perguntando o que ele acha. A esposa fez a psicoterapeuta sentir como é doloroso permanecer num estado de incompreensão.

O co-terapeuta fala, quebra o gelo:

"*Talvez uma maneira de quebrar o vínculo simbiótico com a mãe seja convidar o pai para participar, como ela* (a terapeuta) *acaba de fazer neste instante, ao me introduzir na conversa de vocês.*"

Uma pausa, e no momento o virtual parece se dilatar. A mulher movimenta-se em suas memórias e, em seguida, o marido faz o mesmo.

Ela fala de sua adolescência. Descreve sua mãe como uma mulher fria e distante ao dar à luz, quando ela, a filha mais velha, tinha 13 anos. Às voltas com o bebê, coube à primogênita cuidar do pai, das roupas, das refeições... Sua relação com ele foi se tornando muito íntima, chegando a carícias em nível físico. Teve muito medo... Sentiu asco, ódio... Aos 16 anos, repleta de culpa, arruma um namorado que é intensamente hostilizado pelo pai. O mesmo ocorreu com todos os outros namorados, menos com o marido, um jovem proveniente de família católica cuja norma era não manter relações sexuais antes do casamento. Norma que foi seguida à risca. Ele lhe oferecia segurança e tranqüilidade, e ela tinha muito medo dos homens, de fazer sexo com eles.

O marido fala de seu pai. Recorda-se muito pouco da infância, mas algo permanece vivo dentro dele, "*como se tivesse ocorrido ontem*" [sic]. Aos 12 anos de idade, a mãe pediu-lhe que conversasse com o seu pai, que não estava bem. Ele o encontrou, para sua surpresa, sentado na beira da cama chorando. Não conseguiu ficar ali, mas essa visão mudou radicalmente a idéia que tinha dele. Um homem rígido e dominador só na aparência, mas bastava ir um pouco além da superfície para descobri-lo, fraco e vulnerável.

O casal não é mais marido e mulher decidindo sobre casamento ou divórcio, mas duas crianças assustadas, amedrontadas e culpadas em relação ao que em fantasia, tinham feito de mal a seus pais.

As lembranças abrem uma brecha, permitem que façamos uma ligação entre o passado e o presente, entre o atual e seu virtual. Permitem captar um duplo movimento, tornando visível a representação de um tempo que se faz passar por presente mas que retém em si o passado.

Como se estivéssemos diante de várias personagens. Três delas, o marido, a mulher e o amante, em primeiro plano, entretidos numa cena secundária, porém pitoresca, enquanto várias outras personagens transmitem uma mensagem significativa no plano de fundo. Elas trocam olhares que traçam uma diagonal que liga frente e fundo, mas parecem não conseguir apreender a importância desse fato.

O casal e suas recordações nos faz passar de uma janela para a outra, de uma porta para outra, do passado para o presente.

Tudo o que era passado até então recaía num conjunto de personagens geladas, imobilizadas, prontas, conformadas demais. Na tentativa de se livrar do passado acabam presas nele, ensaiando e encenando o enredo que desejavam aniquilar.

Onde inicia, então, a história da mulher que arranjou um amante e deseja se divorciar?

Realmente, a história do casal remete-nos a caminhos em vários planos e com diversas bifurcações. A inveja do vínculo dos pais parece pertencer a um plano. A relação incestuosa com o pai, a outro plano. Há ainda um homem em outro caminho, interligado ao que transita a mulher, travando uma batalha tipicamente edípica e acreditando ser o vencedor. A mulher está nas mesmas condições e compartilha com o marido essa fantasia.

Pode-se observar ainda, como figura de frente, porém dando tonalidade ao fundo, as filhas adolescentes. Tudo isso ocorre não em linha reta, nem num círculo fechado. Quando um enredo parece se juntar ao outro, quando o círculo parece se fechar, tudo se repete e dá a impressão de que estamos observando as imagens do casal através de uma infinidade de binóculos.

A filha mais velha passa a preparar o café da manhã para o pai e cuidar de suas roupas, tal como a mãe fez um dia com seu avô. Há ainda a "aparição" do amante, deixando a mulher novamente entre dois homens. Quem é quem nessa seqüência?

A traição se faz, nunca se fez e, no entanto, se fez e se fará, ora um traindo o outro, ora o outro traindo o primeiro, tudo de uma só vez. Como no paradoxo da camundonga Josefina em Kafka:

*"Ela canta, cantará ou cantou, ou então nada disso, embora tudo isso produza diferenças inexplicáveis no presente coletivo dos camundongos?"*

Tudo será resolvido de vez "ficando juntos" ou o "divorciando-se". No decorrer da terapia, o casal tinha várias propostas. Uma delas, o marido moraria em outra cidade com as filhas. A mulher não aceitou. Achava essa atitude dele vingativa. Outra proposta era mudar de bairro, e as meninas ficariam com o pai.

Um dia, sorridentes e "agradecidos", relataram que na noite anterior tinham feito uma reunião entre os três, o marido, a mulher e o amante. Nessa reunião discutiu-se a possibilidade de a mulher e o amante morarem na casa vizinha, que estava sendo desocupada. Durante o dia ela cuidaria das filhas e à noite, voltaria para casa em companhia do amante.

Para o casal, provavelmente o casamento e também o divórcio serviam de defesa contra uma realidade insuportável, um objeto interno gerador de culpa e de intensa ansiedade que só se prestava à evacuação. As "estratégias" de separação demonstravam grande desespero e sofrimento. Eles sentiam-se traídos por uma realidade que acreditavam em fantasia ter eliminado com o casamento. Traídos sentiam-se ambos. Traídos pelos próprios impulsos e fantasias que um dia acreditaram ter aniquilado. Estavam doídos e ressentidos, desesperados e inexperientes com tal revelação.

O marido fora escolhido pela mulher para exercer a função de pai. Uma função mental de limite e recusa que o pai não pôde cumprir. Para o marido, essa posição permitia não ter de experimentar o pecado. A tarefa exigia dele intensa contenção, que era exercida através do apego à religião. Existia um Deus fora dele que demarcava os limites. Não precisava decidir. Esse Deus exterior decidia por ele.

Por outro lado, a mulher fazia, para o marido, o papel da pecadora. Ela tinha pecado. Ele não. Ela mordera a maçã. Ele não, pois seguia os mandamentos da Igreja. O casamento e a religião eram, para ele, uma forma de erradicar, em fantasia, o desejo, e para ela o casamento equacionava-se com redenção. Assim, através do casamento, ambos se protegiam do "mal".

Era uma ligação convencional, formal, sem nenhum vínculo amoroso-sexual. Uma relação sem corpos sexuados e sexuais. Como se dentro de cada um vivessem as personagens Romeu e Julieta e seu final trágico: a morte dos amantes em pleno gozo da paixão. Os amantes estavam congelados no interior de cada um. Um "casamento" com enredo duplo, cujo tema de frente era composto pela declaração: "nossa relação é honesta e asséptica". Uma realidade estanque, sob a qual desfilavam relações incestuosas que geravam culpa, medo e dor.

Ela procura um amante, quer sair da ligação "sem desejos". Quer amar, sentir prazer, como mencionou várias vezes, mas contanto que não sofra nenhuma perda. Ele quer continuar o "casamento", mas contanto que tudo seja como antes, para também evitar a dor. Resistem, cada um a seu modo, a desenvolver a ligação estabelecida até então, e no entanto os efeitos colaterais se fazem presentes de forma intolerável, com as filhas levando o casal de volta às vivências que acreditavam nunca mais ter de reexperimentar.

## III. REPETIÇÃO E TRANSFORMAÇÃO NA VIDA CONJUGAL

Roland Barthes[1] nos fala de duas afirmações do amor. Num primeiro momento há a afirmação imediata, o deslumbramento, o entusiasmo, a exaltação, a projeção louca de um futuro realizado, o desejo devorador, a impulsão para ser feliz. Segue-se a isso um longo túnel, um momento de paixão triste, de ascensão do ressentimento e da oblação.

A saída desse túnel evoca um outro movimento: a afirmação do primeiro encontro na sua diferença — deseja-se o retorno, mas não a repetição. Diz-se, então, ao outro (antigo ou novo): "Recomecemos!"

Vejamos como os casais percorrem essas afirmações, esse reino de ilusão/desilusão inerentes a qualquer relação íntima.

Retornemos ao casal mencionado no Capítulo I: o homem e a mulher envolvidos numa relação em que ele assume o lugar dela para livrá-la de fracassos.

A princípio, minhas idéias, associações e dúvidas pareciam desmanchar ao som de suas vozes, de suas denúncias. Por muito tempo falaram quase nada sobre eles mesmos ou sobre a história do casamento.

Saltavam de um queixa à outra, de uma reclamação à outra. Da relação conjugal, salientaram, não sobrara quase nada, só brigas, muitas brigas, e um filho.

Forneceram uma lista completa de suas queixas, que não eram muitas, mas as mesmas já há alguns anos.

A mulher reclamava das noites inteiras que ele desperdiçava na frente do computador. O marido tinha uma boa razão para o seu comportamento: "A única satisfação que tinha em casa, já que a relação era tão ruim".

Ele ainda tinha o hábito de fumar, descumprindo promessa feita na época do namoro de que tentaria largar o vício. Em contrapartida, o marido assinalava o ressentimento de só poder ocupar um terço da casa: só podia fumar em alguns locais.

As reclamações iam além. A mulher afirmava que ele estava estragando o filho com seus mimos exagerados, ao passo que o marido declarava querer ser para o filho o pai que nunca tivera. Aproveitava essas ocasiões para acusar a mulher de falta de zelo, de desinteresse pela casa e pelo filho. Dizia-se sobrecarregado: não agüentava mais cuidar do filho, preocupar-se com as finanças e com a casa.

Por fim, o mais difícil de ser mencionado, ou quem sabe o recheio do bolo, a gema do ovo para ser degustado por último e bem devagar: ejaculação precoce. Desde que se casara, afirmava ela, não se satisfazia. O marido retrucava: "Tenho orgasmos, mas isso não quer dizer que me satisfaço". Ela discordava, chorava, enxugava as lágrimas. Com voz alterada, ele dizia: "E não venha querer me dizer que por causa disso vai procurar fora o que não consegue ter comigo. Vamos resolver isso juntos e aqui, na terapia".

Fui percebendo, no decorrer de nossos encontros, que cada uma das reclamações em relação ao parceiro eram seguidas de um olhar em minha direção. Buscavam em mim uma aliada, para que todos juntos, como propunha o marido, pudéssemos trazer de volta o casal desinteressado ou nocauteássemos de vez o parceiro insatisfatório?

Eu não conseguia responder a qualquer questionamento. Ficava como que anestesiada diante da seqüência de queixas e acusações que o casal me apresentava, encontro após encontro. Era uma reclamação atrás da outra, uma acusação atrás da outra, até que cada um deles e a própria relação tornaram-se quase invisíveis para mim.

Às vezes ocorria uma pausa, um silêncio, mas isso não parecia delinear nenhum entendimento; pelo contrário, era como se tomassem fôlego para em seguida retornar às queixas, até que eu não pudesse mais enxergá-los.

A narrativa constante e repetitiva de suas insatisfações, tornava-se pura descrição verbal, pura sonoplastia, só ruído. Cada fala era uma denúncia, um desmentido, uma defesa, uma queixa, que se desgarrava da pessoa e adquiria vida própria. Nada de sonhos, fantasias e associações, apenas queixas, quase sempre apresentadas numa mesma seqüência, as mesmas queixas valendo por si mesmas.

O que esse casal tentava me mostrar de maneira tão repetida e insistente? Um apego apaixonado à queixa? O total desconhecimento, a total inexperiência de como lidar com a convivência? Mas que primeiro casamento tem como trunfo a experiência? Seria a queixa uma maneira de encobrir a verdade, de desviá-los do que haviam se proposto anos atrás, o casamento? Ou uma maneira de torná-los invisíveis, sem desejos, quase mudos e cegos diante da realidade? Ou ainda uma defesa, um artifício bem-sucedido para manter cada qual distante de si mesmo e do outro?

Caminhávamos sob densa neblina.

Como sair da névoa e alcançar o visível? Falei de minhas hipóteses, da função que, acreditava, teria a ciranda de queixas apresentadas de forma constante e incisiva.

Eles ouviram. Contaram-me, então, como se conheceram, como ele fez a prova de cálculo por ela para evitar que repetisse o ano. Fomos percebendo como essa impostura foi se repetindo e se alastrando na vida a dois.

Comecei a delineá-los um pouco mais: da fase de namoro tinham boas recordações.

Rotineiramente o marido a presenteava: ursinhos de pelúcia, vestidos caros, bolsas, sapatos, jantares em restaurantes sofisticados, enfim, tudo o que ela nunca recebera dos pais.

Embriagados por essa interação em que tudo parecia se encaixar de forma harmoniosa, a gravidez pegou-os de surpresa.

Se ela não tivesse engravidado, disse o marido várias vezes, não teria se casado nunca. Enfatizou que havia algumas coisas, alguns princípios que não podiam ser transgredidos nunca. O aborto era um deles. Durante o namoro mantinham relações sexuais freqüentes, e embora a gravidez fosse indesejável, não tomavam qualquer precaução.

Uma noite, lembravam-se bem, ele se aproximou dela de forma carinhosa. Ela o avisou que estava no "período fértil", mas ele prosseguiu. Aconteceu, frisaram. Tempos depois, a menstruação atrasada e a constatação da gravidez. Como resolver a situação?

A mulher não tinha dúvidas de que era ele quem deveria decidir, afinal estava ciente de que naquela noite seria arriscado. Ele concordou, ela tinha mesmo lhe pedido para não prosseguir. Abortar nunca, era contra seus princípios. Restou, então, o casamento como única alternativa.

Casaram-se (?). Ela já não estava segura disso e talvez nem eles.

Apostaram num artifício ilusório e casaram-se para evitar o aborto. Casar equivalia a abortar. Um aborto incubado que já durava anos.

As queixas, as brigas e as discussões redundavam em nada. Os conflitos, sementes férteis de uma relação, não germinavam e nem geravam novas possibilidades de encontro; pelo contrário, eram abortados. As queixas e acusações mútuas não levavam a nada.

Por que essa maneira específica e significativa de conjugar encontro e impostura, casamento e aborto, foi mantida e propagada na vida a dois?

Uma coisa parece certa: essa forma peculiar de interagir embaça as perdas e os limites. Dentro do casal, o marido representava um ser poderoso que fez a prova por ela e depois assumiu responsabilidades que seriam dela. E ela? Uma mulher de quase 30 anos, e no entanto, quando falava do marido, do filho e do casamento dava impressão de que iria desmanchar, derreter, virar nada. A voz saía enfraquecida, os lábios tremiam, dando a impressão de que ela iria se desfazer em lágrimas. Eu não conseguia enxergá-la como mulher, tinha a impressão de que era alguém que ainda estava por descobrir seus gostos, princípios e valores. Cheguei a pensar que a impostura premeditada no primeiro encontro e disseminada durante a vida conjugal favorecia um não aprendizado não só em relação à matemática, mas também em relação a ser mãe e mulher.

Na medida em que saíamos da escuridão, da nebulosidade, e percebíamos a impostura e o não abortar como uma forma de blefar o crescimento, o casal ia tentando se desvencilhar do enredo conhecido.

Um dia, lembro-me bem disso, o marido arrisca abandonar o papel daquele que livra a mulher de complicações. Fala de suas inseguranças, suas dúvidas, seus medos. A mulher parece não gostar disso. Assinala que ele era um homem inteligente, que bastava querer para conseguir tudo o que desejava. Ela insistia em que ele não poderia ficar tão impotente diante da vida. Parecia não querer saber dos problemas dele, de suas angústias. Afinal, ele estava lá para oferecer soluções e não para criar dificuldades!

O marido insiste ainda em expor suas dúvidas, suas aflições como homem, como pai, como chefe de família, mas a mulher já não o ouve mais. Está distante, brincando com uma mecha de cabelo. Quando ele retorna à posição do "sábio", reencontram-se.

Tudo como antigamente. Tudo como sempre foi.

Às vezes, era ela quem tentava um novo entrecho. Reclamava do "homem que não a deixava respirar".

Ele insistia na superproteção. Dizia que ela não era capaz de cuidar de si mesma. A mulher desistia. Caíam no habitual.

Já não caminhávamos na neblina, mas num terreno pantanoso.

Era difícil sair da mesmice, do igual. Cada tentativa exigia um esforço ainda maior. O terreno lamacento não era seguro. O pântano não promovia estabilidade, pelo contrário, deixava-nos enfraquecidos e cansados.

Há muitos casais que permanecem presos a uma mesma posição, e quanto mais tentam sair dela, mais afundam.

Para alguns, a tentativa de mudança gera permuta, um substitui o outro, o papel de um passa a ser desempenhado pelo outro, não importa qual seja ele: vítimas, vilões, heróis ou encantadores, como no primeiro momento de amor. Mas a permuta não os livra da condenação já que estão fadados à repetição.

O casal em questão não trocava de papéis. Mantinha as mesmas vestimentas, cada um zeloso guardião, atento para que não houvesse nenhuma alteração.

Desde o início, o de sempre, e no entanto eu os percebia, de tempos em tempos, desejosos de ensaiar um novo enredo para suas personagens.

O marido me falou de sua infância: perdeu os pais ainda criança e os avós que o criaram na adolescência. A mulher não quis ouvi-lo. Ou não conseguia? Faz chacota dos sentimentos dele: "Lá vem você de novo dando uma de menininho desamparado". Ele não prossegue seu depoimento. Retornam ao usual.

Tempos depois, uma nova tentativa. Ele diz esperar dela mais autonomia, e ela imediatamente se transforma numa criança indefesa. Diz não se conhecer. Chora. O "homem que se faz passar por ela" retorna.

Procuram uma fenda, uma rachadura no pequeno circuito interno que dá forma e emoldura a relação. Buscam uma nova distinção mas acabam caindo no que já é conhecido.

Esses movimentos, contudo, foram valiosos, pois nos revelaram como através de uma cortina entreaberta, crianças indefesas, desamparadas e solitárias. O virtual até então baseado num passado sem importância, sem força, sem intenção, começa a ser desenhado, permitindo-nos entender um pouco mais: o homem que tudo pode resolver ligado a uma mulher que não sabe nada de si.

Que alma, que moradia, que fogo ardente poderia estancar tamanha dor, tamanha fenda, tamanho medo do desconhecido?

Talvez um homem capaz de solucionar tudo. Não se livram completamente do fracasso mas garantem a nota mínima: há ainda uma pobre mulher indefesa e ignorante. Garantem a repetição incessante, dia após dia, de uma cena da qual não conseguem se desvencilhar. O ser ignorante camuflado por outro onisciente; o bebê insuficiente sustentado por uma mãe dadivosa; o adulto vulnerável unido a um Deus todo-poderoso.

O marido, ao se unir a uma mente ignorante e insegura, transforma-se num ser superior e se aliena nesse ser. A mulher, a própria personificação da intolerância de ambos a estados produzidos pela ausência de significados, liga-se ao ser "superdotado" e nele se enclausura. Ambos padecem da idéia delirante e tranqüilizadora de que existe a possibilidade de evitar o encontro com o não saber e com a dúvida.

A relação assim estabelecida alivia a dor, mas não garante o sucesso absoluto, somente a nota mínima. Unidos dessa maneira acabam se deparando com a impossibilidade de uma coexistência pacífica.

O homem, o paraíso congelado. A mulher, um convite para percorrer os caminhos da insegurança e do não conhecimento. Aceitá-lo significa cair na nostalgia da inércia. Consentir em receber o que ela oferece implica perder a segurança e expor-se ao desconhecido.

Um esquema relacional que no decorrer dos anos acaba gerando, inevitavelmente, muitas brigas e a anulação de cada um dos parceiros, do par e da capacidade de discriminação entre o falso e verdadeiro.

Atraídos pela possibilidade de evitar a agitação que a ignorância provoca na mente de cada um, apaixonam-se. Abortam, assim, a dor que provoca o desconhecido. Apaixonados pela possibilidade de tornar real a ilusão de não sentir dor, casam-se. Abortando casam-se, para não abortar. Confusão de memória e de percepção!

Retornemos à terapia. Vários meses se passam e uma novidade: a mulher decide montar seu próprio negócio.

Estão às vésperas de uma viagem. Ela vai visitar uma empresa para obter informações de como viabilizar a sua própria. O marido a acompanhará.

Ficam quietos por alguns instantes. A mulher inicia a conversa. Diz estar passando muito mal. Chora. Sentiu dores de estômago, há dias não consegue se alimentar bem. Está com olheiras, abatida.

Parecia sofrer a perda de algo ou de alguém muito importante. Mas a dor estampada em seu rosto não era assim tão ilógica, tão sem nexo. Tornar-se autônoma significava perder de vista o ser indefeso e atemorizado, que ao se ligar a um ser "superdotado" abria mão de exercer as funções de mãe e mulher.

O marido, por sua vez, mantém-se calado. Não diz nada. Taciturno, ouve nossa conversa. Pergunto a ele o motivo de seu silêncio. Ele suspira fundo e começa a falar. Melhor não dizer nada, afirma, caso contrário "desandaria numa série de conselhos e orientações". Prefere ficar quieto. Não sabe o que fazer a não ser "tomar as rédeas da situação fazendo do negócio dela, o seu próprio".

Mudar o que já era tão conhecido e necessário para ambos implicava isso, uma sobreposição do velho ao novo. Caminham ... ela em direção à autonomia, e ele, esforçando-se para simplesmente acompanhá-la, mas que seja, é claro, por um terreno relativamente conhecido.

A mulher confessa sentir medo, não consegue saber ao certo se a sua escolha profissional irá realizá-la plenamente. O marido reclama da inconsistência dela. Viajarão no dia seguinte, e ela está cheia de dúvidas, não se alimenta direito, não dorme. Ela diz não ter condições de decidir com firmeza o que quer. Ele fica em silêncio.

Uma pausa. Ela começa, então, a falar de si, do medo de ser autônoma. A novidade desconhecida: ela fala e ele apenas ouve. Ela prossegue. O marido não oferece soluções. Uma inovação (?). Uma colheita provisória (?).

Num outro momento, contudo, os corolários do primeiro encontro. Ela põe todas as suas idéias na mesa e pede a ele que faça alguma coisa, quer uma solução. O marido veste o conhecido manto da sabedoria. O perdido revisitado. Mas não por muito tempo; apenas um fôlego para retornar ao atalho recém-descoberto.

O marido pára de levar e pegar o filho na escola. Quer mais tempo para se dedicar às coisas de que gosta. Ela concorda de bom grado, quer mesmo ficar mais tempo com o filho. Ficam satisfeitos com essa alteração.

Prosseguem por essa trilha, mas não por muito tempo. O que os encantou num primeiro momento ainda os atrai como a um ímã. Voltam ao habitual.

Um outro acontecimento inédito: "Ontem fizemos amor e... foi gostoso". Homem e mulher se encontrando no presente?

No entanto, quanto mais límpida e luminosa for a imagem do ser desamparado e amedrontado, quanto mais nítido for o virtual no atual, mais o atual, o encontro do homem e da mulher no presente, estará alicerçado no desconhecido.

Momento difícil. Reclamam de não irem a lugar algum, de terem casado com a pessoa errada, de terem casado, enfim!

Pensam em separação. Nesse instante é a única alternativa plausível: fim do enredo. Mas continuam juntos.

Às vezes, mostram-se entusiasmados com o desconhecido, com a possibilidade de experimentar um encontro entre homem e mulher, outras vezes tentam se livrar radicalmente do que a princípio os encantou.

Inebriados pela possibilidade de descobrir outras formas de encontro, percebo-os muitas vezes buscando uma outra relação, outro homem, outra mulher, sem nenhum envelope narcísico, sem nenhum vestígio do "homem — mente poderosa que cuida da mulher — mente insegura e amedrontada".

Movimentos a dois. Movimentos demarcados por um limite tênue e escorregadio entre manter uma relação que ofusca a dor e as perdas, e o alastramento dessa forma peculiar de interagir nos vários segmentos da relação, e transformar tudo isso em formas novas.

Não transformar, no sentido de criar objetos novos, mas de dar nova forma ao que os arrebatou.

A palavra "conjugal" tem uma origem interessante. Deriva do latim *conjugium*, que significa unir, ligar, e também parelhas de animais. Con-jugo, sob a mesma canga, como bois emparelhados, atrelados.

Amarrados, laçados um ao outro? De certa forma sim, mas não é só isso. Ambos são subjugados a forças inconscientes, ora buscadas, ora combatidas, ora negadas. Forças das quais o casal, qualquer casal, não se livra facilmente e nem de forma absoluta, mas que podem vir carregadas de um sentido mais amplo e, então, ser colocadas a serviço da sublimação e das atividades simbólicas, sob o efeito da observação e do pensamento.

No entanto, nem todos os casais conseguem se desenvolver além do estado inicial de apaixonamento. Intolerantes à desilusão, acabam estruturando uma organização psicótica de casamento.

Falarei sobre esse processo no próximo capítulo.

# IV. ORGANIZAÇÃO PSICÓTICA E ORGANIZAÇÃO NÃO-PSICÓTICA DA RELAÇÃO CONJUGAL

Para Winnicott[4] o indivíduo transita entre três mundos — o mundo interno, o mundo externo e o mundo ilusório.

A respeito do mundo ilusório, ele diz que através da magia do desejo o bebê tem a ilusão de possuir uma força criativa mágica. Ele deseja a mãe e ela aparece, como se ele próprio — onipotentemente — a tivesse criado.

Aos poucos, o bebê é capaz de alucinar o mamilo, no momento em que a mãe, através de uma sensível adaptação a ele, está lá para oferecê-lo.

Inúmeras experiências desse tipo propiciam um estado de confiança em que o objeto pode ser encontrado. Trata-se de uma experiência fundamental para que o bebê, gradualmente, seja capaz de tolerar a ausência do objeto.

Ele chupa os dedos, mexe o rosto, murmura, agarra-se a um pano ou a um ursinho de pelúcia, utiliza diversas técnicas (fenômenos transicionais) de controle mágico sobre o mundo externo. É uma forma de tolerar a ausência do objeto e também a base de uma posterior capacidade para criar.

O objeto utilizado pelo bebê, ou primeira possessão, é denominado objeto transicional: é algo que ele próprio criou, ainda que, na realidade, seja apenas a ponta de um cobertor ou a franja de um xale, ou um brinquedo.

O reconhecimento gradual da ausência de um controle mágico sobre a realidade externa tem como base a onipotência criativa inicial, transformada em fato pela aparição da mãe e pela capacidade dela de se adaptar às necessidades do bebê e satisfazê-lo.

Depois que a capacidade de relacionamento for estabelecida, o bebê poderá dar o próximo passo rumo ao reconhecimento essencial do ser humano.

É a partir de experiências transicionais, salienta Winnicott, que o indivíduo pode desenvolver grande parte daquilo que costumamos admitir e valorizar de várias maneiras sob o título de religião e arte, e também são delas que derivam as pequenas loucuras que nos parecem legítimas num dado momento, de acordo com o padrão cultural vigente. Através do exercício da religião ou da prática e apreciação das artes, "vemos a reivindicação socializada do ilusório. O indivíduo não é considerado louco, mas encontra aí o descanso necessário em sua eterna tarefa de discriminar os fatos e a fantasia", sugere Winnicott.

Para ele, aqueles que não puderam vivenciar os fenômenos transicionais são afligidos pela idéia de que não há um contato direto com a realidade externa e serão constantemente ameaçados pela perda da capacidade de se relacionar. Uma questão de vida ou morte, de alcançar o amor ou perpetuar-se em isolamento. Há ainda os menos afortunados, diz o autor, para os quais o mundo foi apresentado de maneira confusa, pois cresceram sem qualquer capacidade de ilusão de contato com a realidade externa. Ou então, essa capacidade é tão frágil que facilmente se quebra num momento de frustração, dando margem ao desenvolvimento de uma doença esquizóide.

Seguindo essas premissas, seria possível pensar no estado de apaixonamento como um reviver da experiência transicional? Como um retorno ao mundo mágico do desejo, na medida em que o parceiro esteja pronto para realizá-lo?

O encontro é o palco para a encenação dos fenômenos transicionais. O outro é o objeto transicional, equivalente a um brinquedo, a um cobertor, à franja de um xale. Trata-se de uma reexperimentação da onipotência criativa, do controle mágico sobre a realidade externa, controle esse tomado como real e verdadeiro na medida em que o parceiro é capaz de se adaptar às necessidades do outro. Últimas, primeiras vivências em relação ao estar só e ao estar acompanhado. Um reviver e uma nova chance de lidar com a presença e com a ausência, com o prazer e o desprazer.

Pode-se ainda pensar no estado de apaixonamento das relações amorosas como outra forma de reivindicação socializada do ilusório, como um território de repouso na necessária e penosa tarefa de discriminar entre a fantasia e a realidade, e a por isso tão difícil de a ele se renunciar.

Semelhante às experiências transicionais da infância, o apaixonamento pode ser visto como a primeira expressão das funções ativas e criativas do casal. Nesse sentido, o ilusório não é considerado como mera negação do real, mas está nele, habita-o, é seu horizonte e seu começo.

Vimos no primeiro capítulo que a escolha do parceiro e a motivação para o casamento são frutos de um ponto de coincidência entre a vivência atual e sua respectiva vivência virtual (núcleo de vivência mútua). É um núcleo que à primeira vista é constituído por elementos irreconhecíveis, mas cujo produto final confere aos cônjuges a ilusão de ter encontrado um desfecho definitivo e perene para os conflitos e as angústias, afastando da percepção tanto o fantasma do desamparo quanto o da castração.

Seguindo essa premissa podemos dizer que o primeiro organizador da relação conjugal é o núcleo de vivência mútua. É o primeiro organizador e também o primeiro "roteador" da relação. Esse é um termo utilizado na informática para nomear o conjunto de programas que define as rotas que uma mensagem deve seguir para chegar ao seu destinatário.

O núcleo de vivência mútua organiza o encontro em torno da ilusão e define suas rotas para um destino último, que é o estado representado pelo desejo manifestado de negar onipotentemente o desamparo e evitar o reconhecimento do conflito e da castração.

Uma vez configurado isso, o casal experimenta um estado de satisfação que desejará perpetuar ao longo da relação. No entanto, como já foi mencionado, por mais que o casal tente manter intacto o núcleo de vivência mútua, inevitavelmente se defrontará com uma ruptura do mesmo. Momento de desnorteamento no qual o casal também pode vislumbrar as regras e as forças emocionais inconscientes que roteavam a relação.

Embora esse seja um momento de crise para todos os casais, aqueles que apresentam narcisismo patológico ou conflitos edípicos muito pouco elaborados, muito provavelmente experimentarão de forma catastrófica a angústia proveniente de uma ruptura no núcleo de vivência mútua. A perda do primeiro organizador e roteador da relação despertará uma intensa angústia de aniquilamento, o temor de afetos mais primitivos e que até então eram mantidos fora da percepção e o horror de pensar. Esses casais vivenciam o ato de pensar como um verdadeiro perigo do qual procuram se proteger a qualquer custo.

Que espécie de solução eles encontram para lidar com a angústia que permeia esse processo? Com que fio cerzem o rombo criado pela ruptura no ponto de coincidência entre o atual e virtual?

Maria Rita Kehl[5] compreende, como nós, a paixão amorosa a partir da ferida narcísica de perceber-se incompleto. A paixão faz parte do universo narcísico, onde não existe a possibilidade de discriminação do outro. O outro é uma extensão do próprio sujeito em todos os sentidos e sua única função é restaurar a onipotência em troca de duas individualidades aniquiladas.

Segundo Kehl, esse estado termina (quando não está em jogo uma estrutura narcísica) em desilusão, quando o outro volta a ter existência própria. Essa desilusão é também a única possibilidade de fazer nascer o amor, de promover o encontro de duas individualidades.

Ela ainda nos fala dos subprodutos da paixão, sendo um deles a sublimação. Aqui, a concretude da paixão com suas fantasias de possuir, fundir, devorar e matar o "outro" ganha expressão mais leve, uma expressão simbólica. No encontro da demanda de fusão, própria da paixão, com a sublimação "o amor não abre mão da paixão, mas sabe transformar o impossível da paixão em troca simbólica... É quando dois universos simbólicos se tocam, se interpenetram, frutificam, se potencializam".

Esse fenômeno não é aceito por nenhum casal com tranqüilidade. No capítulo anterior tentei mostrar que o caminho em direção à transformação (sublimação) é permeado por idas e vindas, e que o casal nunca se livra de forma absoluta do primeiro organizador e roteador da relação (pois o reconhecimento da individualidade está constantemente ameaçado pelo fascínio da ilusão de completude narcísica), estabelecendo-se na relação um processo contínuo de ilusão/desilusão. Trata-se de um processo integrador para alguns e extremamente desintegrador para outros. Frente à angústia intensamente desnorteadora e aniquilante, o casal pode recorrer a defesas muito primitivas, acentuando ainda mais os aspectos mais primitivos do próprio eu que influenciaram de forma decisiva (embora inconsciente) a escolha do parceiro e a motivação para o casamento.

Impossibilitados de tolerar a angústia liberada pela ruptura do núcleo de vivência mútua, alguns casais constroem, no decorrer da convivência, uma organização predominantemente psicótica do casamento. Incapazes de redefinir as mensagens e seu destinatário, esses casais constroem um mundo relacional onde impera a indiscriminação entre o eu e o não-eu, entre o passado e o presente, entre a fantasia e a realidade, através de violentos ataques ao pensamento. O resultado disso é o congelamento do psiquismo conjugal com acentuado esmagamento das diferenças sexuais.

Conscientemente, os casais "sabem" que existem diferenças sexuais, mas elas não são nem a causa e nem a condição para o desejo de continuar juntos.

A organização psicótica da relação conjugal varia, contudo, de acordo com a sua configuração. Podemos distinguir três estruturas básicas de uma organização psicótica: o casamento compulsivo-perverso, o casamento narcísico-perverso e o casamento desafetado.

No casamento *compulsivo-perverso* a relação é construída ao redor de uma atividade sexual rígida, perversa e restrita, equivalente a um jogo desesperado no qual os cônjuges tentam se livrar de forma compulsiva de conteúdos mentais indesejáveis. A relação fica, então, investida de um caráter defensivo, e através do ato sexual o casal acredita ilusoriamente que está se livrando de problemas oriundos de diferentes camadas psíquicas.

No casamento *narcísico-perverso* o convívio resume-se a uma perseguição desesperada e desesperadora de uma unidade ilusoriamente vivenciada como completa, eterna e todo-poderosa a serviço do narcisismo primário dos cônjuges.

O processo de ilusão/desilusão, é vivido de maneira caótica, oscilando entre o êxtase gerado pela realização imaginária do desejo de completude (narcísica), o ódio experimentado pela percepção de que nem o outro e nem o casamento podem atender a suas grandiosas expectativas e o sentimento de vazio, de desgosto, a sensação de que perderam para sempre suas partes mais valiosas.

Incapazes de se render ao luto, de reconhecer a perda na luta pelo domínio onipotente, esses casais enredam-se num profundo paradoxo. Casados com a ilusão acabam tendo como única companhia o que mais temiam: a solidão.

Existe ainda outra organização psicótica: o casamento *desafetado*.

McDougall[6], interessada nos problemas de alexitimia, pensamento operativo, distúrbios psicossomáticos e solução aditiva compulsiva, cria o termo "desafetação" para sugerir que determinados indivíduos estão desconectados de suas emoções e podem ter perdido a capacidade de entrar em contato com elas.

É uma condição emocional que se revela na inabilidade do indivíduo para nomear, reconhecer, conter e operacionalizar seus próprios estados afetivos e os dos outros.

McDougall considera que, enquanto o psicótico cria uma neo-realidade, o desafetado ataca sua capacidade de captar afeto e usá-lo para pensamento, deixando escoar e removendo a realidade externa e as relações interpessoais do seu sentido afetivo. Enquanto o esquizofrênico se protege retraindo-se das relações externas, o desafetado faz uma pseudo-adaptação a elas. Como conseqüência, o indivíduo fica incapacitado de experimentar prazer, pois o mundo afetivo é constante e violentamente destruído.

A forma de pensar dos indivíduos desafetados é habitualmente operatória, onde as palavras ilustram mais a ação do que o significado. Nessas condições, o processo identificatório é muito pobre ou então inexiste, e a dúvida, componente fundamental para se oscilar entre várias situações significativas, não aparece.

O pensamento operativo é adaptado ao seu objetivo do ponto de vista prático, porém estreitamente ligado à concretude dos fatos; é linear e limitado, e não se aplica nem ao afetivo nem tampouco ao imaginário. Em geral, o sujeito desafetado não produz associações. O outro é idêntico a ele próprio e tem, portanto, o mesmo modelo de pensamento. O modo de comunicação que tende a estabelecer é o que M'uzan[7] e seus colegas denominam "relação branca".

No casamento *compulsivo-perverso* dois mundos são construídos: um é destituído de afetos e controlado, no qual os cônjuges habitam solitários; o outro é sensual, no qual cada um reina absoluto e de forma indiscriminada.

No casamento *desafetado* há somente um mundo. Em alguns casos, frente à liberação de conteúdos mentais primitivos ao longo da experiência de intimidade, o casal ejeta da percepção, de forma gradual mas persistente, qualquer representação carregada de afeto. Em outros casos, a motivação para a escolha de parceiros e para o casamento decorre de uma ilusão de que juntos poderão estabelecer um universo relacional desafetado.

Nesse caso, os cônjuges se relacionam como se fossem sócios de uma empresa: a família. Os filhos são relegados à condição de "operários", que prestam o serviço de "carregar" o mundo afetivo dos pais, seus desejos, suas necessidades e fantasias; um dos filhos será o grande gerenciador da vida afetiva do casal.

O cotidiano desses casais é uma tarefa a ser executada com acentuado culto à monotonia. Freqüentemente os cônjuges têm sucesso profissional à custa de um grande empobrecimento de outras áreas emocionais, principalmente no que tange à vida em família. Na tentativa ilusória de zerar o desejo, o psiquismo conjugal fica desconectado das emoções e petrifica-se diante de uma verdadeira destruição dos afetos que circulam no espaço relacional.

Geralmente, esses casais buscam ajuda por causa de distúrbios psicóticos em um ou mais de seus filhos e resistem fortemente à análise da relação conjugal e da vida familiar.

Não quero deixar aqui a impressão de uma relação conjugal idealizada, pois isso nos remeteria a uma forma estática de interação. Poderíamos pensar que as relações conjugais implicam um equilíbrio instável, em oscilações constantes, em desequilíbrios temporários.

Em todos os casamentos encontraremos diferentes graus de narcisismo, perversão sexual e desafetação. Essas características podem variar ao longo do casamento, e em cada caso encontram-se diferentes misturas desses ingredientes.

Pela impossibilidade de tolerar as oscilações constantes e os desequilíbrios temporários, os casais tentam, ilusoriamente, zerar o desejo: é o caso dos casais desafetados e dos casais compulsivo-perversos no que se refere ao cotidiano da relação. Ou então tentam, também ilusoriamente, manter o desejo eternamente satisfeito como é o caso dos casais narcísico-perversos e dos compulsivo-perversos em relação à vida sexual. Essas tentativas podem se modificar temporariamente ou configurar-se no eixo central da relação, resultando daí uma organização psicótica de casamento.

É interessante salientar que *pari passu* aos desejos, às necessidades e às expectativas inconscientes e primitivas dos casais, também estão presentes os desejos, as necessidades e as expectativas mais amadurecidas, como por exemplo a necessidade de autonomia, de construir a própria família, como fruto de uma elaboração edípica.

No início de uma relação conjugal podemos distinguir dois mundos em formação: um *psicótico*, povoado por "personagens" ameaçadoras idealizadas, pelas relações objetais parciais da infância, recalcadas e dissociadas, e que ilusoriamente são tidas como resolvidas no estágio inicial de apaixonamento. E outro *neurótico*, mais de acordo com as exigências da realidade exterior e fruto das camadas psíquicas mais amadurecidas do casal.

É através do universo neurótico que os cônjuges encontrarão subsídios para lidar com as fantasias, as necessidades e os desejos primitivos que permeiam a relação. As fantasias, necessidades e os desejos mais primitivos mantidos fora da percepção e do pensamento e que surgem quando há uma ruptura do núcleo de vivência mútua, podem passar (dependendo do grau de tolerância dos cônjuges) por um teste de realidade e ser transformados. Na medida em que os cônjuges toleram um confronto com a realidade e podem perceber o outro e o casamento de forma mais realista, é possível haver uma transformação: o estado inicial de conluio cede lugar a um estado de cumplicidade, e o amor maduro implica, assim, um compromisso comum de permanecer juntos, de preservar um passado criado a dois e de proteger a relação em tempos de tensão e conflito.

A discriminação de um grau intenso de cisão entre os aspectos psicóticos e os aspectos neuróticos da relação nos leva a considerar também a descrição de graus de cisão menos intensos. Acredito que esse fenômeno se encontre presente em todos os casamentos por ser intrínseco à própria vida. Mas num grau intenso encontramos as relações narcísico-perversas, as relações sexualmente perversas ou as relações desafetadas. Em níveis menos acentuados de cisão os casais apresentam um certo sentimento de descrença, de ressentimento e de falsidade em relação ao casamento e ao parceiro, não tendo mais razão para levar a relação adiante. Muitas vezes apegam-se aos filhos ou ao social para permanecerem juntos, outras vezes buscam outra relação que possa ser sentida como intensa ou real.

Graus mais brandos de cisão podem levar os cônjuges, nos momentos de dificuldades (nascimento dos filhos, adolescência, etc.), a um estado regressivo, quando então lançam mão de defesas muito primitivas para enfrentá-las. É o acúmulo de experiências de transformação, frutos da contínua interação entre os aspectos psicóticos e neuróticos da relação, que assegura o desenvolvimento de um casamento vivo e criativo, mas isso não garante que o casamento sobreviverá aos incontáveis conflitos e às inúmeras tensões ao longo da relação. Pelo contrário, como sugere Kernberg[7], a capacidade do casal de desenvolver a relação, na medida em que os aspectos primitivos de cada um dos cônjuges podem ser reativados e elaborados, leva à maior liberdade sexual. Mas essa liberdade sexual pode ameaçar a estabilidade do casal ao reativar também uma busca defensiva de novas experiências sexuais em momentos de grandes tensões. O relacionamento emocional do casal, salienta o autor, permite a intimidade, mas esta libera também a agressividade e pode aproximar o casal quando ambos reconfirmam a esperança básica no sentido de dar e receber amor, ou afastá-lo, quando é reconfirmado um mundo relacional fantasioso repleto de ameaças e perigos. A capacidade de desenvolver a relação protege a estabilidade do casal, mas cria também a possibilidade de estabelecer um novo relacionamento com outra pessoa, que pode ser corretamente percebida como a promessa de um relacionamento mais satisfatório num estágio diferente da vida.

Uma relação onde há maior liberdade de trânsito entre os aspectos psicóticos e os aspectos neuróticos gera novas possibilidades ao casal e condição para que a "paixão" permaneça, mas ao mesmo tempo cria condições potenciais para a dissolução do casamento.

Na medida em que os dois universos, o psicótico e o neurótico, se mantêm vivos na relação, e na medida em que o casal está capacitado para aproximar os elementos de cada um desses mundos originalmente tão separados, é possível estabelecer-se entre os cônjuges um espaço para a exploração e a criação.

Nesse espaço, as inúmeras possibilidades de intimidade tornam-se significativas: separar, equacionar, fundir, dividir, igualar, aglomerar, confundir, compartilhar. São elas que mantêm viva a sexualidade do casal e fornecem o potencial para a gratificação.

Concordo com Kernberg quando ele afirma que uma relação viva e criativa não é pós-ambivalente. Ela permanece ambivalente com a prevalência do amor sobre o ódio, através de um trabalho psíquico constante dos cônjuges. E também permanece ambígua ao combinar fusão e isolamento com a crescente liberdade na experiência sexual, e "um persistente mistério da natureza sempre mutável da vida particular de fantasia".

Nos próximos capítulos, e através de relatos de casos, proponho-me a descrever o casamento narcísico-perverso e o compulsivo-perverso. Não é uma tarefa fácil. Quando tentamos pôr no papel, arrancá-los do contexto em que se encontravam, tratar com destaque alguns aspectos da relação conjugal, corremos o risco de prejudicar uma compreensão mais ampla da situação, ou mesmo interferir no envolvimento que o leitor possa ter com o que tentamos expressar. É difícil transmitir com acuidade os espaços em branco, os vazios, a ausência de som, as duas, três ou mais associações que ocorrem num momento único.

Muitas vezes, deparamo-nos com imagens pouco definidas, como uma cena na televisão inserida dentro de outra televisão. As personagens ficam pequeninas, quase indefinidas, pouco iluminadas, mas a mensagem transmitida não pode simplesmente ser extirpada do resto do contexto como se só ela existisse. Não podemos simplesmente negar a complexidade de uma imagem, de uma fala inserida dentro de uma outra. Não podemos tornar invisíveis as personagens que carecem de nitidez, nem tampouco tratá-las com exclusividade.

Os próximos capítulos são uma tentativa de traduzir aspectos da relação conjugal que aparecem escondidos em corredores e garagens sombrios, entre dissimulações e meias palavras.

São apenas tentativas, mas resta um consolo: o que ficou inapreensível ou foi traduzido de forma nebulosa pela autora não necessariamente o será para o leitor.

# V. O TODO, A PARTE E UM TODO À PARTE: Um casamento compulsivo-perverso

1

Chegaram dizendo ter problemas na vida conjugal. O marido parecia ter mais clareza em relação a isso. A mulher não. Estava ali por insistência dele. Seja como for, tinham uma queixa básica: *"Quando temos tempo para ficar juntos não sabemos o que fazer, passamos os finais de semana na cama"*.

Tentaram modificar essa situação elaborando um programa de atividades a dois. Juntos, planejaram e escreveram quais as atividades que deveriam preencher seus finais de semana. Não funcionou.

Resolveram, então, buscar a ajuda de um profissional.

Durante o namoro viam-se de vez em quando, só em alguns fins de semana. Estudavam em cidades diferentes. Ela ia ao encontro dele. Encontravam-se na república onde ele tinha um quarto só seu, não o dividia com ninguém, e lá podiam ficar isolados do resto do mundo por quase dois dias; então namoravam. Era uma atividade sexual intensa que continuou pelos sete anos de casamento. No entanto, não conseguiam conversar, passear ou fazer coisas que agradassem a ambos.

Iniciavam repetidamente os nossos encontros da seguinte maneira: *"Você começa... Não, começa você primeiro. Mas não tem nada para ser dito"*.

Não saberiam o que dizer um ao outro na minha frente? Nada teriam para dizer?

Tingiam, assim, a terapia de uma tonalidade acinzentada, quase branca. O marido dizia que a mulher não queria falar sobre o seu trabalho e também não parecia interessada no dele.

A mulher, por sua vez, insistia em que ele não conversava sobre problemas existenciais, um assunto que lhe despertava enorme interesse.

Assim, nos finais de semana, invariavelmente ele acabava se fechando em si mesmo, ao passo que ela tentava tirá-lo da clausura. Tinham exemplos de como suas tentativas de troca redundaram em maior distanciamento. Nas últimas férias resolveram ir para a praia. Ela queria dormir cedo. Ele queria ir a um barzinho à beira-mar. No fim, ficavam em casa. O marido trancado num mutismo quase absoluto e a mulher tentando tirá-lo de si. Reconciliavam-se na cama. Diziam se gratificar mutuamente através do sexo, era bom, satisfatório para ambos. No entanto, acordavam e nada tinham para dizer um ao outro, nada para fazer que agradasse a ambos.

Insistiram em procurar diversão a dois, além da atividade sexual. Certa vez, mandaram os filhos para a casa dos avós (um casal de 5 e 3 anos de idade) e alugaram fitas de videogame. Tentativa infrutífera. Deixaram de lado o jogo e cada um ficava no seu canto. Nenhuma palavra, nenhuma evidência que lhes assegurasse de que era bom estarem juntos.

Permanecia nas sessões uma sensação de abafamento. Era como aqueles momentos que precedem uma tempestade: o céu carregado de nuvens torna o clima quase sufocante; logo começa a chover, é impossível manter o calor por muito tempo.

Era assim que eu os percebia, mantendo uma atmosfera que, por mais que tentassem, já tinha seu final decretado. Nenhuma revelação importante. Nenhuma tonalidade nova. Tudo o que era dito parecia velho e desbotado. Chegavam e diziam: *"Mais um final de semana como os de sempre"*. Pareciam recitar como uma criança que tem na ponta da língua as propriedades da água: insípida, inodora e incolor. Como podemos nos esquecer disso? No entanto, a água é muito mais, mas só podemos apreender suas outras características quando deixamos de lado a tendência a tagarelar de forma não pensada, imitativa, frouxa, só para ir bem na prova, para entregar a lição e passar de ano.

Um dia, assim como quem diz coisas sem a menor importância, ela comentou: *"Tenho um irmão gêmeo"*. E ele: *"Tenho* irmãs gêmeas". Isso, no meio das frases já conhecidas: *"Nada de novo... Um final de semana igual a todos os demais... Não conseguimos conversar... Ela não se interessa pelo que eu gosto... Ele vive fechado em si mesmo"*. Ofuscada, perdida na monotonia, uma possível revelação: *"tenho um irmão gêmeo"*, e *"tenho irmãs gêmeas"*.

Fiquei entusiasmada. Quis saber mais, talvez aí estivesse um caminho a ser explorado.

Cada um começa a falar da usa infância, porém como jornalistas apresentando a biografia de um homem e uma mulher não muito interessantes, supondo que não irão despertar o entusiasmo de ninguém.

Percebo que omitem detalhes significativos. Olham para mim desinteressados. Limitam-se a narrar fatos. Relatam onde moraram, quantos irmãos têm, o nome do pai, da mãe, a profissão deles. Tudo sendo dito como que se estivessem se colocando em guarda diante das própria lembranças, submetidos a uma interdição exagerada de associações, mantendo-se desmesuradamente nos fatos, nas datas, na ordem cronológica dos acontecimentos.

Nenhuma expressão de dor. Nenhuma expressão de prazer. Nada de sonhos. Nem fantasias. Um discurso surdo, uma fuga brutal de toda a evocação de vida.

Buñuel disse, certa vez, que os filmes neo-realistas o incomodavam pelo imediatismo da visão. Na tela, surge um copo vazio e nada mais, ao passo que para Buñuel era preciso ao menos lembrar que um copo está cheio de ar.

No momento em que relatavam suas histórias, o casal me fez entender um pouco mais o mal que os atingia: um casamento inodoro, insípido e incolor.

Um copo vazio, um mero copo vazio, neo-realista, visão imediata. Quando estavam prestes a perceber que o copo vazio estava, no mínimo, cheio de ar, limitaram-se a dizer, de cor e salteado, que o ar é inodoro, insípido e incolor.

Mas era só isso que havia de mais singular em suas histórias? Histórias narradas de maneira a expressar muito pouco, muito mais como um grande portão que protege a entrada de enorme castelo medieval do que uma porta entreaberta para algum lugar? Não. Até então, sabíamos pouco: apenas que ali estava uma mulher que tinha um irmão gêmeo, casada com um homem que tinha duas irmãs gêmeas.

Por que alguém que tem um irmão gêmeo casa-se com alguém que tem irmãs gêmeas? Seria esse um fenômeno a ser pesquisado?

## 2

Chegaram e após quinze minutos do usual: *"Do que vamos falar hoje? Não, você fala. Prefiro que você comece"*, a mulher diz que tiveram um final de semana mais interessante. Tinham resolvido reformar parte da casa. Não iriam fazer isso agora, mas talvez no futuro. As crianças ainda eram pequenas e eles trabalhavam muito. Em princípio, achavam que reformar a casa não seria uma coisa boa de ser feita na ocasião. No entanto, conversando e trocando idéias, decidiram reformar uma parte, só o andar de baixo, a cozinha, a sala de estar e o lavabo. Nada muito grande, enfatizaram. Trocariam o piso, os azulejos e a porta de entrada por outra, mais bonita, mais de acordo com o resto da casa.

Estariam também dispostos a reformar um casamento de anos?, pergunto a eles. Digo também se não estariam desejando, naquele momento, uma reforma não muito grande, mas à medida que fôssemos conversando, trocando idéias, pensariam em mudar algumas coisas num casamento que necessitava de certas reformas. A porta de entrada parecia ser um bom começo. Não mais o portão enorme que servia muito mais para bloquear entradas e saídas, mas uma passagem para dentro e para fora.

O marido diz, então, de relance, rápido demais: *"Talvez, temos um problema sexual, gostaria de falar sobre isso aqui, mas ela não aprova"*.

Ele verbaliza o ímpeto de descortinar o que os levou a buscar terapia. Ele toma coragem e diz o que tem em mente, mas ao mesmo tempo, perseguido e acuado, induz sua mulher a calar a sua própria boca. Nesse momento, ela representa a resistência de ambos para analisar a relação, declarando que não deveriam falar de assuntos tão íntimos com ninguém. Insistiu que certas coisas, certos assuntos, não devem ser compartilhados com ninguém; é taxativa e incisiva, e nós três calamos a boca.

Pela primeira vez eles demonstravam explicitamente que precisavam me manter a distância. Nada de análise, nada de falar sobre o que, ao mesmo tempo, causava-lhes desconforto e prazer. Combatiam de maneira árdua e até certo ponto eficaz uma análise do casamento, mantendo a terapeuta como um fantoche a ser manipulado a quatro mãos.

No final de cada sessão era como se tivessem desferido um golpe quase fatal em meu pensamento. Eu tinha uma sensação de fraqueza, de cansaço, de sono. Havia um empobrecimento de idéias e associações. Nessas ocasiões, eu me lembrava constantemente de uma frase inglesa, um conselho a quem bebe muito, a receita para curar a ressaca: *"Sleep it off!"* ou seja, livre-se do mal-estar através do sono!

## 3

Prosseguíamos num intrigante enduro às avessas. Vinham a uma sessão, faltavam a duas. Vinham a duas, faltavam a uma. Diziam estar com problemas organizacionais. O marido havia assumido alguns compromissos profissionais em outra cidade e, portanto, tinha de se deslocar para lá ao menos uma vez por mês. Relatavam também que a reforma da casa estava tomando muito tempo e que estavam tendo dificuldades para arranjar alguém que tomasse conta das crianças.

Quando eu tentava traduzir essas experiências e atos em termos do que estavam podendo vivenciar na terapia, eram incisivos em proclamar que uma coisa não tinha nada a ver com a outra e que estavam realmente com "problemas organizacionais". Tinham dificuldades para vir, algumas vezes, juntos? Por que, então, ela não vinha sozinha, quando o marido precisava viajar? Digo isso a eles. O que a princípio parecia uma proposta quase banal, provocou um grande alvoroço.

O marido, irritado, acusou-me de estar utilizando uma estratégia para assistir de camarote a como reagiriam e se comportariam separados. Fundamentou esse "pensamento" no que havíamos conversado previamente sobre a dificuldade que tinham de se perceberem como duas pessoas distintas.

A mulher por sua vez, disse que nunca tinha lhe ocorrido que pudesse vir sem o seu parceiro. O que faria ali, na terapia, sem ele?, salientou em tom irônico. Estava ali por insistência dele e continuaria vindo na medida em que sentisse que estava sendo útil. Acreditando, penso, que minha proposta era muito mais um desafio do que qualquer outra coisa, a mulher disse que viria sozinha. Declarou isso dando a entender que se tratava de um assunto sem importância, uma banalidade.

Não tardou e surgiu a oportunidade. Ela chegou quinze minutos atrasada. Fico imaginando como seria recebê-la a sós, como seria essa mulher sem o marido ao lado. Imaginei que, talvez, ela não aparecesse. Quem sabe não estavam preparados, ainda, para se reconhecerem como indivíduos separados.

Finalmente ela chegou, mas não estava só: o marido a acompanhava. Contou que estava tão tensa ultimamente que não foi possível se organizar para vir sozinha. Relatou que estava prestes a assumir um cargo de grande responsabilidade na firma em que trabalhava, o que a estava deixando com os nervos à flor da pele. Diante da ansiedade da mulher, o marido adiou seus compromissos para que viessem juntos à terapia. Tiveram alguns atropelos na saída e por isso estavam atrasados.

Digo a eles que os percebia, também, prestes a assumir maior responsabilidade pelo que acontecia ou deixava de acontecer no casamento, e que isso, provavelmente, os estava deixando com os nervos à flor da pele.

Ficaram em silêncio. Percebo que o clima de nossos encontros passava por uma transformação. Não sentia mais cansaço nem sono diante desse casal, pelo contrário, várias idéias começaram a brotar em minha mente. Estaria eu diante de um casal em que a mulher desejava perpetuar com o marido a vivência de gemelaridade e ele buscava na mulher aquilo que tanto invejava nas suas irmãs gêmeas?

Estariam, a princípio, embevecidos pela união absoluta de corpos, e quando ela não se perpetuou caíram num silêncio escuro e doloroso?

Depois de mais ou menos um ano de terapia fizeram uma revelação importante, que nos ajudou a compreender um pouco mais a sofisticada dinâmica desse casal.

# 4

Um dia, que foi precedido de várias sessões em que imperou um nível de tensão bastante acentuado, o marido disse, como se estivesse num confessionário ou prestes a detonar uma bomba: *"Acho que tenho uma tendência homossexual"*. Silêncio. Não disse mais nada. Respirou fundo, olhou para a mulher. Estaria pedindo permissão para prosseguir?

Ela estava cabisbaixa, absorta nos movimentos dos próprios pés. Era um sinal de que ele poderia prosseguir com seu relato?

Ele prosseguiu: *"Acho que é do nosso desvio sexual que nos escondemos e que estamos evitando falar aqui. Desde a minha adolescência, me excito usando as roupas de minha mãe. Estávamos casados há dezoito meses quando contei a ela sobre isso, e desde então nos excitamos dessa forma — eu me vestindo com as roupas dela"*.

*"Gosto disso"*, afirmou a mulher num tom de voz forte e claro, como se não tivesse a menor dúvida do que estava dizendo; ele ficava mais potente, mais viril e dessa maneira ela desfrutava mais de sua masculinidade.

Na sessão seguinte, relataram que ao saírem do nosso encontro anterior, ele tentou beijá-la no elevador. Ela não quis. Com um sorriso irônico, pediu para que se afastasse, pois poderiam estar sendo filmados. O marido ficou irado. Como ela poderia pensar uma coisa dessas? Brigaram muito, como nunca o tinham feito. Brigaram por toda aquela tarde e mais o dia seguinte inteiro.

A terapeuta, aquela que tinha olhos invisíveis, que poria às claras os seus segredos, registraria tudo o que faziam às escondidas para censurá-los depois?

O marido ficou irado com a mulher: Como ela podia pensar uma coisa dessa? Como podia sequer imaginar que a terapeuta esconderia uma câmara no elevador?

Queriam uma garantia de que a terapeuta não os censurava pelos seus "desvios" sexuais e nem faria uso do material como uma arma secreta a ser usada contra eles posteriormente.

Não aceitavam com facilidade os seus jogos sexuais. Ele temia que esse desejo aflorado na adolescência pudesse denotar uma tendência homossexual. E a mulher, embora "desfrutando da virilidade do marido vestido com suas roupas", temia estar cometendo um ato passível de recriminação.

Se por um lado eles revelavam os segredos porque necessitavam de absolvição, por outro eu percebia que existia neles a necessidade de entender melhor a razão de uma atividade sexual desviante como ele próprio disse.

A partir de então começaram a falar um pouco mais de suas lembranças de infância. O marido descreveu o pai como uma figura submissa aos caprichos e manipulações da mulher e das filhas. A mãe era uma pessoa poderosa, e restava ao pai ter uma atitude passiva, manter-se retraído, cabisbaixo e fechado em si mesmo. Odiava esse jeito de ser do pai; preferia muito mais tê-lo como um homem forte, capaz de reagir aos caprichos da mãe e das irmãs gêmeas. Relatou que, mais recentemente, vinha percebendo que era muito parecido com o pai, o mesmo jeito de ficar amuado, trancado em si mesmo. Não gostava disso, mas não conseguia ser diferente. Percebia que estava repetindo com a mulher o que tanto detestava em seus pais.

O relato do marido foi encorajando a mulher a falar um pouco mais de si. Ela se referiu principalmente ao irmão gêmeo. Brincavam muito, contou. Moravam em um sítio, o pai viajava constantemente. Ela gostava muito quando ele voltava; trazia brinquedos, a casa ficava mais alegre. Mas o que estava mais vivo em sua memória era o irmão gêmeo. A mãe não podia com eles, protegiam-se um ao outro, davam carinho um ao outro, como se não precisassem dos pais. Ela sofreu muito quando ele se casou, mas logo em seguida conheceu o marido.

\*\*\*

Se, por um lado, travestir-se despertava no marido uma angústia relacionada à ameaça de castração ("acho que tenho uma tendência homossexual"), por outro, ser homem sem se disfarçar de mulher era também extremamente perigoso. É possível que, ao se vestir de mulher, ele aprisionasse em fantasia a figura da mãe e de suas irmãs, como uma maneira, talvez, de torná-las cativas e de exorcizá-las.

Em vez de insistir na aliança com o pai, ele parece ter encontrado uma outra via para lidar com os conflitos edípicos, uma passagem secreta: alia-se a suas inimigas (mas sem tentar fazer delas amigas). Numa tentativa de sair-se vencedor, fazia-se passar por elas para depois derrotá-las. Tal como na guerra de Tróia, soldados muitos bem armados se escondem no interior da figura oca de um cavalo. Um presente enganoso, um ardil perfeito para penetrar no território inimigo.

E para a mulher, a que se prestavam seus jogos sexuais?

Ela se lembra pouco dos pais e da infância. O irmão gêmeo, contudo, é a figura central de sua história. Ela diz: *"Minha mãe não podia conosco, um protegia o outro, um dava carinho ao outro, é como se não precisássemos de nossos pais"*. Fica inconsolável quando ele se casa.

Parece que, auxiliada por um vínculo fusional com o irmão, ela vivia a ilusão de ser completa e absoluta, sem ter de vivenciar quase nada do que vivem as pobres crianças comuns: receio de perder o amor materno, ciúme, inveja, desejo de ter o pai só para si, sentimento de culpa por isso, etc., etc.

Pouco importa que o marido se vista ou não de mulher. Para ela o importante é "acreditar" que tem uma vida sexual intensa, através da qual pode alimentar a ilusão de uma união corporal total, o menos simbólica possível.

Através de seus jogos sexuais, a maldição dos deuses (aqueles que resolveram dividir o ser humano em duas metades) perde a eficácia, torna-se inócua. Na cama, ambos alucinam ludibriar o drama humano: ali são os grandes vencedores. Cúmplices na manutenção da recusa de uma vida a dois, constroem um casamento constituído de dois mundos: um desconectado das respectivas emoções, onde eles habitam solitários; outro sensual, onde reinam absolutos.

Podemos também observar através da dinâmica desse casal que um padrão específico de interação nem sempre se estabelece a partir de necessidades, expectativas e conflitos provenientes de uma mesma camada psíquica.

Enquanto para o marido os jogos sexuais "resolviam" de forma alucinatória conflitos edípicos quase nada elaborados, para a mulher eles perpetuavam a ilusão de um vínculo fusional outrora vivenciado com o irmão gêmeo.

Nem sempre os cônjuges compartilham das mesmas ansiedades, expectativas e fantasias inconscientes; muitas vezes os conteúdos mentais que delimitam e determinam uma organização específica de casamento são *complementados* pelo parceiro.

Assim, para o casal em pauta, a figura imbatível de uma mulher com um pênis secreto ou de um homem com seios contracenando nos jogos sexuais cumpre funções distintas para cada um deles. Para ele "resolve" o conflito edipiano: para ela "resolve" a perda da ilusão de uma união absoluta.

\*\*\*

A história desse casal reporta-me também às intrigantes histórias de *Mil e Uma Noites*: Um sultão descobre que foi traído pela esposa a quem amava perdidamente e toma uma decisão cruel — como não podia viver sem o amor de uma mulher e também não toleraria ser traído novamente, resolve então se casar com as mulheres mais belas de seu reino, mas manda decapitá-las após a primeira noite de amor.

Tal como o sultão, esse casal, após realizar os atos de amor (?) físico, um executa o outro. Não concretamente como fez o soberano, mas de maneira muito mais sutil — nada têm para dizer um ao outro, não fazem nada juntos. Decapitam qualquer possibilidade de encontro após saborear as delícias do sexo.

Na cama, uma festa requintada para encher os olhos de qualquer um. Ninguém é homem. Ninguém é mulher. Mas sim uma mulher que tem um pênis secreto e um homem com seios. Um não necessita do outro para atingir o gozo. Uma mulher com pênis e um homem com seios se bastam a si mesmos, não têm de experimentar a perda do irmão gêmeo (réplica ou extensão dela mesma), o medo e o fascínio pela mãe poderosa, o ódio contra o pai fraco e submisso. Homem e mulher tornam-se figuras inócuas diante de uma poderosa mulher com pênis e de um poderoso homem com seios.

Assim como a criança, que através do jogo procura controlar e dar uma resposta aos acontecimentos traumáticos do passado, esse casal, por intermédio de jogos sexuais, parece ter encontrado uma saída alucinada para as vivências intoleráveis de separação e a ansiedade de castração.

Na cama, o que mais desejam (manter a ilusão de ser completo e imbatível) é realizado de forma alucinatória. Suas atividades sexuais são um festival de possibilidades, um reduto precioso para onde ambos são arrebatados, como pássaros famintos em busca de migalhas.

Passam os finais de semana na cama: fora dela, nada há para ser feito, nada para ser dito, nenhum indício que os faça crer que é bom estarem juntos.

No entanto, as *Mil e Uma Noites* não são meras histórias de assassinatos cometidos por um sultão irado, ferido em seu narcisismo. Revelam muito mais. Na verdade, são histórias do nascimento do amor.

Xarazade, amante dos livros de todas as espécies, de poesias, de provérbios populares e frases filosóficas, revela (mesmo sabendo das coisas terríveis que aconteciam no palácio real) que deseja se tornar a esposa do sultão. Mantém-se irredutível em sua decisão e assim acontece. Porém, depois da noite de núpcias, quando só lhe resta esperar o raiar do dia para ser sacrificada, Xarazade se põe a falar. Conta histórias, declama poesias, recita os provérbios populares que tanto a encantavam.

O sultão, fascinado pela presença de Xarazade, vai adiando sua execução por mil e uma noites, eternamente e mais um dia.

Tal como Xarazade, a psicoterapeuta não se intimida com as "terríveis histórias do casal"; pelo contrário, mantém-se próxima a eles e utiliza-se da palavra para "tratá-los" de um estado narcísico doentio. Ela investiga e fala. Uma associação é remetida a outra, uma hipótese contém outra dentro de si. Dessa maneira, reintroduz o casal no mundo mágico do desejo, cruelmente assassinado após o contato sexual.

E tal como o sultão, o casal vai adiando a execução da terapia por mil e uma noites e mais um dia, deixando transparecer uma sofisticada dinâmica conjugal tecida ao longo de sete anos de convivência.

\*\*\*

A mecânica da atividade sexual é extremamente simples; não é nada muito complicado, nem difícil, nem engendra nenhum ato muito sofisticado, embora atue nela um modo de pensar que pouco se preocupa com as considerações lógicas do mundo adulto. Pelo contrário, é permeada, colorida e moldada por conteúdos mentais pouco acessíveis à consciência. A atividade sexual do casal pode ser equiparada às atividades oníricas, ou seja, aos sonhos, no sentido de nos fornecer indícios da organização inconsciente da relação.

Tal como os sonhos, as atividades sexuais do casal teatralizam, dramatizam de forma concreta, fazem atuar determinadas personagens que concretizam uma organização inconsciente.

Uns se queixam de ejaculação precoce, outros de frigidez, outros de afânise. Mas como nos sonhos, trata-se de uma tradução simplificada do psiquismo inconsciente da relação, ao mesmo tempo que assinala certas dificuldades e resistências dos cônjuges para lidar com os conteúdos mentais recalcados ou dissociados e que são reativados com a experiência de intimidade.

Como uma maneira de evitar ou de controlar os conteúdos mentais inconscientes geradores de conflitos, os casais podem estabelecer uma atividade sexual que segue apenas um ritmo fisiológico, torna-se um mero hábito, uma atividade mecânica, sem recheio, sem sabor.

Outros podem se defender das vivências mais primitivas que são reativadas pelo ato sexual através de desacordos sexuais: ela não faz o que eu quero, ele ejacula muito rápido, ela quer de manhã e eu estou mais disponível à noite, etc.

Há ainda os que encenam uma relação sexual sadomasoquista, praticam o coito anal ou oral, mas excluindo a dimensão amorosa. A atividade sexual fica encapsulada, destacada do cotidiano. Alguns acentuam ainda mais a divisão entre sexo e afeto pondo em prática suas fantasias eróticas apenas com parceiros extraconjugais.

Cabe diferenciar, contudo, os casais que vez ou outra se lançam em episódios extraconjugais ou nos relatam experiências erótico-anais e fetichistas esporádicas, daqueles cuja prática sexual está centrada numa perversão compulsiva manifestada e organizada, de modo que grande parte do casamento desenrola-se em torno dela.

A atividade sexual equivale, portanto, a um jogo desesperado, através do qual os cônjuges tentam "resolver" de forma compulsiva conteúdos mentais indesejáveis. O que é recusado e negado é encenado *ad infinitum* através de um comportamento sexual perverso, rígido e restritivo.

Em toda relação amorosa a fantasia de fusão nunca deixa de estar presente de forma absoluta. Há um desejo sempre atual de uma união total e corporal, tão pouco simbólica quanto possível. Através da atividade sexual podem ser encenadas fantasias reparadoras de si e do outro, com uma certa dose de realização narcísica e a busca de proteção contra os sofrimentos próprios do viver.

Mas enquanto na relação em que predomina um narcisismo perverso os cônjuges buscam através do contato sexual (e não só através dele) um amparo contra as angústias intoleráveis e um suporte para um eu despedaçado, no casamento compulsivo-perverso compartilha-se uma atividade sexual perversa como uma maneira de não sucumbir à fúria dos impulsos destrutivos, à ira explosiva e às ansiedades de separação e de castração que inevitavelmente emergem numa experiência de intimidade.

# VI. CAÇADORES DE ILUSÃO: Um casamento narcísico-perverso

1

Conheci Eric e Myriam durante o meu treinamento em psicoterapia de casal no Institute of Marital Studies, na Clínica Tavistock, em Londres.

Como parte da rotina de triagem, os casais telefonam ao instituto solicitando a terapia, e então envia-se a eles um formulário onde deverão fornecer, além de informações sobre os filhos, renda familiar, profissão, um breve relato sobre suas dificuldades conjugais.

Na maioria dos casos, os casais não utilizam mais do que dois ou três parágrafos para seus relatos. Myriam e Eric, ao contrário, foram bastante prolixos na descrição de seus problemas. Contaram como se conheceram, o conjunto de fatos passados e atuais que permearam a relação e por que buscavam ajuda.

Acho interessante reproduzir aqui o relato de cada um deles, da maneira como o fizeram. Na maioria das vezes é difícil ser absolutamente fiel ao material que aparece na clínica. São introduzidos cortes, salientam-se aquelas falas que mais chamam a atenção. Apresentarei o que estava escrito no formulário sem nenhum corte, nenhuma síntese. Às vezes (principalmente no relato de Eric), as frases são confusas, muito longas, repetitivas, Tentei ser o mais fiel possível na tradução, mantendo o discurso na sua forma original.

O relato de cada um deles mostra a construção dramática de um casamento alicerçado no desejo de fusão e como, na medida em que a satisfação ilusória desse desejo foi se desfazendo, Eric e Myriam foram reagindo com intensa ira e desespero.

Separaram-se e se reconciliaram várias vezes. Mudaram de cidade, tiveram relações extraconjugais, apresentaram distúrbios psicossomáticos e episódios de depressão, até que — por insistência dela — resolveram buscar ajuda.

Na primeira entrevista Eric estava voltando de uma viagem aos Estados Unidos. Estavam se reencontrando na sala de espera e tinham acabado de decidir que voltariam a morar juntos. Estavam eufóricos...

Mas antes de falar sobre os nossos encontros, mostrarei como cada um deles percebia o casamento e suas dificuldades em relação a isso.

Começarei com a descrição de Myriam, uma mulher de uns 30 e poucos anos, bem vestida, de aparência jovem, que era redatora numa rede de televisão.

*"Existiu um período de gestação de mais ou menos dois anos até que finalmente eclodiu uma crise conjugal.*

*Durante esse período percebi Eric mais e mais distante de nós (de mim e de nosso filho de 5 anos e meio). Ele sempre esteve envolvido com política, mas nos últimos dois anos Eric se tornou cada vez mais ausente de casa. Algumas vezes pensei que nossa casa era, para ele, uma pensão. O seu afastamento se deu tanto no nível prático, como no nível emocional.*

*Nós somos duas pessoas muito ocupadas, mas senti que enquanto estava tentando dar conta da casa, da família e do meu trabalho, Eric estava cada vez mais ampliando seu rol de atividades fora de casa. Eu sabia que cedo ou tarde alguma coisa teria de ser jogada fora e ironicamente isso aconteceu com o que tínhamos de mais precioso: nossa relação ímpar, sem paralelos.*

*Estamos juntos há 13 anos, sempre fomos muito próximos um do outro e nos amparamos mutuamente.*

*Freqüentemente eu dizia a ele que estávamos com problemas, que nosso trabalho, as muitas coisas que fazíamos estavam nos afastando e que deveríamos ir mais devagar. Eric se recusava a examinar o que estava acontecendo e dizia que o problema era meu e que eu deveria consultar um psiquiatra.*

*A situação foi ficando cada vez mais difícil para eu manejar (emocionalmente). Algumas vezes, realmente pensei que es-*

*tava ficando louca, tive eczema (nunca tinha tido antes) por um período de um ano e em seguida desenvolvi um quisto no seio (diagnosticado como sendo causado por estresse).*

*Escrevi então para um ex-amante (que não via há 7 anos) e que estava morando nos Estados Unidos. Fiz por duas razões: profissional e pessoal.*

*Nunca tencionei me envolver com esse homem, mas realmente necessitava ser reconhecida como alguém que valia a pena como ser humano.*

*Eric leu as cartas que esse homem escreveu para mim e nesse período se envolveu seriamente com uma mulher com quem estava se relacionando. Eu não sabia disso, ele negou esse relacionamento por mais ou menos seis meses.*

*Acredito que Eric me contou sobre essa mulher porque eu o "forcei" a me dizer sobre ela.*

*Ele se tornou mais ansioso com a morte do pai, há alguns meses, quando então se tornou especialmente cruel para comigo. Começou a me negar como pessoa e, nessa época, nossas brigas (e nós sempre brigamos) se tornaram mais freqüentes, mais amargas e mais irresolvidas.*

*O comportamento de Eric para comigo e para com alguns de nossos amigos tornou-se irracional, totalmente irreconhecível.*

*Quando finalmente ele me contou sobre essa mulher, há alguns meses, tentei ser o mais compreensiva possível. Ao mesmo tempo, estava arrasada. Não pelo fato de ele ter se apaixonado por uma outra (o que eu acho compreensível e posso entender), mas pelo fato de ele desconsiderar nossa compartilhada filosofia. No momento em que ele escondeu isso de mim, no momento em que não me disse que estava com dificuldades, não me deixou ajudá-lo. Agindo dessa forma ele destruiu o alicerce sobre o qual nos apoiávamos.*

*Além disso, durante o período em que esteve envolvido com outra, ele me fez acreditar que era eu quem estava com problemas. Acho que sempre estive comprometida com ele em todos os níveis e ele abusou disso.*

*É com isso que tenho dificuldades para lidar. Nosso fazer amor (apesar de na maioria das vezes não sentir que era fazer amor) se tornou, por indução dele, mais e mais baseado em fantasias. Ele não fazia amor comigo ou para mim.*

*Ele não me queria por mim mesma. Fiquei com medo dele e estava perdendo o respeito por mim mesma.*

*Eric saiu de casa (foi morar com a outra mulher) duas semanas após eu ficar sabendo do seu caso com a outra. Fiquei em pedaços (não pude trabalhar por duas semanas com depressão). Cinco dias depois ele voltou. Ficamos aliviados, mas nenhuma meta foi estabelecida para ajudar nas demandas existentes. Até então ele se recusava a discutir nosso problema e buscar ajuda profissional. Para mim nada havia mudado, eu ainda me sentia compromissada.*

*Fui então para a Alemanha a trabalho por duas semanas e me apaixonei por alguém que me mostrou que o quarto escuro onde eu estava possuía janelas que se abriam e deixavam a luz do sol entrar.*

*Pela primeira vez em anos alguém me amou por mim.*

*Uma semana após o meu retorno da Alemanha (e eu contei para Eric esse meu caso) nós nos separamos novamente. Tivemos de fazer isso pois estávamos nos comendo vivos. Disse a Eric que eu precisava de tempo e espaço — era sobre eu me encontrar. Acho que ele nunca chegou a entender essa minha necessidade.*

*Alguns meses atrás eu voltei para a Alemanha a trabalho, por quatro semanas. Nesse período Eric voltou para casa para tomar conta de nosso filho. Ele me levou até ao aeroporto, foi uma despedida emocionante. No entanto, a carta que me escreveu pedindo para ser aberta somente quando eu estivesse voltando, dizia que ele estava preparado para reconstruir e se eu não quisesse fazer isso com ele, ele o faria (e poderia fazê-lo) com ela.*

*Fiquei muito deprimida. Já estava sendo pressionada o suficiente pelo meu trabalho. Não tinha de agüentar mais essa. Telefonei para ele e lhe disse para largar do meu pé.*

*Simplesmente não agüentava mais. No dia seguinte ao meu telefonema, Eric bateu o meu carro e disse que isso aconteceu porque, no momento da batida, pensava na nossa discussão no dia anterior. Senti que ele conseguia transferir para mim toda a responsabilidade do seu acidente.*

*Uma nova tentativa de morarmos juntos falhou e, pela terceira vez, Eric foi morar com outra mulher.*

*Eu não estou preparada para continuar rodopiando nessa roda-gigante emocional.*

*Finalmente eu escrevi para Eric dizendo que, para mim, ele estava morto. Ele então me telefonou e resolvemos procurar ajuda para solucionar esse problema de um jeito ou de outro.*

*Uma conversa subseqüente com a outra mulher me deixou ainda mais confusa, pois está mais claro agora que a duplicidade de Eric se dá em vários níveis.*

*Embora eu o ame profundamente e há ainda essa ligação inigualável entre nós, sinto que ter sido enganada, a dor e a negação dele para com a minha pessoa, meu ressentimento e a minha raiva dele, no final das contas nos farão mortos nesse nosso caminho titubeante.*

*Isso levado em consideração, e as mudanças reais que deveriam acontecer em nossas vidas, pode ser muito maior do que cada um de nós.*

*Acredito que a maneira mais eloqüente pela qual eu poderia descrever meus sentimentos no momento é que 'estou aterrorizada por continuar com Eric e aterrorizada com a possibilidade de separação'."*

Eric, um homem magro de 45 anos de idade, também redator de uma rede de televisão, declarou o seguinte:

*"No final existe somente um problema: nós nos amamos um dia com tamanha força, tamanha criatividade, com tal intensidade que nós dois sabemos que isso nunca poderá se repetir novamente.*

*Esticamos nossas mãos juntos e tocamos as estrelas. E agora, quando olhamos um para o outro, não conseguimos entender por que estamos, aonde estamos, em oposição, em justaposição um ao outro. Cada um de nós ferido, machucado e apreensivo. Cada um de nós querendo caminhar em direção à luz e sem saber se será a mesma luz para nós dois. Em nosso núcleo, ao invés de encontrarmos nossa segura estabilidade, encontramos dúvidas. Duvidamos que isso poderá algum dia acontecer novamente, embora nós dois desejemos isso intensamente.*

*Mas aonde uma vez a expressão de nossa individualidade podia ser somente realizada em uma dualidade, agora nós dois estamos numa posição de proteger o eu.*

*Tanto Myriam como eu somos pessoas criativas; assim, nossa insegurança foi substituída pelo conceito de um "eu desprotegido", e ambos estamos buscando ajuda.*

*Nosso nascimento foi difícil. Quando nos conhecemos eu já era casado. Não houve nenhuma dúvida de que nos amávamos e resolvemos ficar juntos.*

*Após muitas dificuldades isso aconteceu e há treze anos estamos juntos.*

*Dois anos depois de estarmos vivendo juntos eu mudei de emprego e de cidade. Nesse período, sofri uma cirurgia por causa de um câncer.*

*Foi um período de grande crise, difícil, mas não existia nenhuma dúvida. Voltamos para Londres no ano seguinte. Alguns meses depois Myriam teve um caso importante com um outro homem. Momentos de grande tensão, mas nosso amor provou ser para ambos uma saída.*

*O conjunto de fatos atuais é complexo.*

*Envolve uma relação minha com uma outra mulher que foi crescendo gradualmente em importância. Tentei colocar um ponto final nisso. Ao mesmo tempo, como conseqüência de minha negligência, Myriam cada vez mais ansiosa e necessitando recobrar confiança começou a se corresponder com um antigo amante. Senti-me, então, com maior liberdade para me envolver com a outra.*

*Saí de casa. Retornei achando que o simples ato de voltar seria suficiente; não foi. A necessidade de amor e autoconfiança de Myriam tomou a forma de um novo amante na Alemanha.*

*Nós passamos um final de semana em Dublin onde as coisas deveriam dar certo e deu tudo errado. Reatei com minha amante como uma defesa e acabei deixando-a uma vez mais.*

*Enquanto Myriam estava na Alemanha, trocamos correspondência e nos telefonamos. Concordamos em tentar novamente. Mas enquanto fui para a Escócia para me encontrar com nosso filho, assim que eu saí por uma porta, o amante de Myriam entrou pela outra, e quando eu voltei no final de semana, só encontrei palavras muito duras. Saí de casa novamente.*

*Durante os últimos dois anos Myriam tem se interessado e se envolvido com o movimento feminista. Nós dois acreditamos na filosofia desse movimento, mas devido a minha ausência não podemos compartilhar muito dessa sua atividade.*

*Existem alguns pontos do movimento feminista que não aceito e não quero aceitar — as proposições rígidas, na maioria das vezes defensivas, vindas do que eu vejo como elementos reacionários, semifascistas do feminismo atual. Por exemplo, a idéia de que a definição da sexualidade e do erótico é determinada pelo homem. Culturalmente há, claro, muita verdade nisso, mas para mim esse é um argumento intelectual pobre. Como conseqüência do desacordo entre mim e Myriam sobre isso, áreas de nossa atividade sexual que tinham, previamente, sido prazerosas para nós dois, caso continuemos juntos irão nos causar grandes dificuldades de relacionamento por causa das rejeições envolvidas.*

*Acredito também que o que levou para mim mais ou menos um ano de dolorosa decepção para construir uma relação com outra mulher, aparentemente levou para Myriam duas semanas. Vejo isso como uma confirmação de que nós dois não estamos onde supúnhamos estar ou que a defesa de Myriam é de um tipo ativo e agressivo. Acredito que a segunda alternativa é a mais correta.*

*De fato, o que está sendo mais difícil no momento é que Myriam começa dialogando gentilmente, para — um segundo depois — entrar num círculo vicioso. Acho muito difícil lidar com isso, fico impossibilitado de responder a ela sem ser hostil.*

*Não tenho dúvidas quanto à intensidade dos sentimentos de Myriam — sente-se traída e machucada. Ao mesmo tempo, acredito que mesmo nos meus momentos de maior negligência Myriam não respondeu a eles profundamente, mas achou que deveria ser convidada para se aproximar de mim. Minha necessidade era que ela entrasse sem permissão porque ela era, é (?) meu amor e portanto deveria estar no nosso núcleo.*

*Nosso filho, de quem falei anteriormente, é um encanto, é um prazer para nós. Ele é, de fato, nosso "filho querido", tanto em aparência como em temperamento. Por compartilharmos um grande amor por ele, não o introduzimos em nossa crise.*

*Nesse sentido, temos uma crença, talvez ingênua, de que se Myriam e eu estivermos felizes juntos ou separados, então é nessa atmosfera que ele poderá crescer adequadamente.*

*Como nós dois desejamos que a tensão entre nós se apague para ambos, então a possível paz será o melhor para ele."*

## 2

Durante os nossos encontros, num total de dez, Eric e Myriam não revelaram muito além do que foi mostrado acima. Não foi possível saber quase nada a respeito de suas origens (apenas que ele era filho único, e ela tinha mudado várias vezes de cidade durante a infância). Apresentaram-se ambos sem história, fragmentados e inconformados. Eram, a um só tempo, a personificação da realização ilusória do desejo de plenitude narcísica e uma ferida aberta, duas almas em carne viva.

Imperava em todos os nossos encontros um clima de caos e hostilidade. Um culpava o outro, e diziam não agüentar mais serem culpados pelo outro. Não pareciam interessados em mais nada, em mais ninguém, a não ser na própria dor e nas próprias necessidades. Falavam como se não houvesse mais ninguém na sala além deles. Mal se ouviam, mal ouviam o terapeuta, mal percebiam que estavam em terapia.

Tentavam desesperadamente enfiar-se um dentro do outro ou forçar o outro a entrar na própria pele.

Myriam não se conformava com que Eric tivesse uma amante e não lhe contasse isso (ao menos no momento inicial da relação). Perguntava a ele constantemente, insistentemente: *"Por que você voltou? Por que escondeu de mim por tanto tempo que tinha uma amante, e quando eu lhe perguntava se algo estava errado, você me fazia acreditar que era eu quem estava com problemas? Quase fiquei louca por causa disso e você nem ligou."*

Myriam queria respostas. Queria que Eric esclarecesse a situação. Queria de qualquer jeito que o marido aliviasse a sua dor, e ele, encolhido na poltrona, fechado no seu próprio mundo, iniciava longos discursos repletos de palavras que careciam de significado. Às vezes me fazia lembrar um menininho frágil e indefeso, outras, seu olhar denunciava um leve prazer sádico, como o de um garoto olhando triunfante o sofrimento da mãe, que naquele instante deixava de ser tão poderosa.

Myriam insistia em suas perguntas. Eric pedia que se calasse ou iria embora de vez.

Na terceira entrevista contaram que, após uma longa discussão, Eric tinha resolvido sair de casa novamente. Dizia não agüentar mais as acusações de Myriam: *"Porque eu fiz X tudo está como está"*.

Continuaram com a terapia, embora Eric tivesse se mudado para a casa da outra mulher. Relataram que desde o primeiro encontro, e até alguns anos atrás, tiveram um relacionamento bastante satisfatório e harmonioso. Quando se viram pela primeira vez (em um curso de final de semana), imediatamente se apaixonaram.

Desde então não precisavam perguntar um ao outro como estavam se sentindo, nem mesmo diziam aonde queriam ir ou o que desejavam fazer. Não precisavam conversar, simplesmente "sabiam" como o outro estava e o que desejava. Mencionaram várias vezes a palavra "núcleo" para descrever esse estado de satisfação plena, de igualdade absoluta que experimentaram por vários anos. Relembraram a doença de Eric (câncer nos testículos), logo no início do casamento, mas naquela época *"nada poderia pôr fim ao amor que sentiam um pelo outro, nem mesmo a grave doença de Eric"*.

Ele sarou, mas quando os maus momentos pareciam ter acabado, outra crise. Myriam se apaixonou por um ex-namorado. Apesar de tudo, continuaram juntos.

Por que a separação agora? É só mais uma crise, constataram. Não se separariam nunca. Nada seria capaz de destruir o nosso núcleo, afirmaram.

Na sétima entrevista, Eric tinha deixado a outra mulher e voltado para casa. Os dois estavam eufóricos, mencionaram várias vezes que nada seria capaz de destruir a *"forte ligação que possuíam"*.

Trocavam olhares apaixonados, falavam entre eles, excluindo a terapeuta quase totalmente.

Myriam questionou se estavam precisando de alguém que os ajudasse. Tinham conseguido sozinhos enfrentar várias crises conjugais, e além disso levaria muito, muito tempo para que alguém os conhecesse da maneira como se conheciam. Eric concordava com ela — poderiam falar vinte horas seguidas sobre eles mesmos e seria apenas um pequeno quadro do que realmente acontecia.

Desiludidos, depositavam na terapia e na terapeuta as dúvidas, as diferenças e os limites de uma intimidade a dois.

Nas duas semanas seguintes voltaram as brigas e acusações. No último encontro, Eric estava abatido, dizia-se muito deprimido, não sabia o que pensar, achava muito difícil se separar da outra mulher, mais do que imaginava. Myriam mal conseguia ouvi-lo. Dizia que ele estava daquele jeito porque não conseguia assumir o casamento e o filho. Queria dele uma decisão definitiva. Queria que ele assumisse a relação com ela de uma vez por todas, ou então seria ela que iria embora, dessa vez sem retorno.

Comento que ambos estavam sofrendo muito, sentiam muita dor, estavam muito desiludidos.

Myriam disse que não agüentava mais sofrer, não suportava mais aquelas idas e vindas, as juras de amor seguidas de separação e rejeição, queria uma relação calma e duradoura e isso teria de ser rápido: *"Diga! Você quer ou não ficar comigo de uma vez por todas?"*, insistia ela várias vezes.

Eric estava amuado, um ar de menininho desamparado, trancado em sua própria dor.

Myriam era incisiva; queria dele uma resposta definitiva e tinha de ser naquele momento, naquele instante, não esperaria nem mais um segundo.

Tento dizer alguma coisa. Não me ouvem, não conseguem me ouvir.

Eric suspira fundo e diz: *"Não quero mais ficar com você!"*
*"É a sua última palavra?"* perguntou Myriam.
*"Minha última palavra"*, respondeu ele.

Myriam levantou-se e saiu da sala. Alguns segundos depois, Eric fez o mesmo.

Na semana seguinte, Myriam telefonou dizendo que Eric tinha saído de casa novamente e que ela já procurara um advogado para legalizar a situação. Disse também que não queria continuar com a psicoterapia e que não sabia do paradeiro de Eric.

\*\*\*

Eles tinham a ilusão de que juntos formariam um núcleo indestrutível, capaz de eliminar de uma vez por todas a ameaça de aniquilação que vivenciavam frente à separação de corpos e de mentes. Ilusoriamente, tudo se passava numa zona sem conflitos, sem diferenças de sexos, idéias, opiniões — uma psique única e imbatível.

Juntos, caçadores de uma ilusão, a ilusão de que fusionados evitariam o impacto das perdas inerentes à vida. Tudo se resumia a uma perseguição desesperada e desesperadora de uma unidade imaginada como completa, eterna e todo-poderosa. Nesse núcleo não havia lugar para tensões, desejos ou conflitos.

Impossibilitados de se render ao luto, oscilavam entre o ódio gerado pela percepção de que nem o outro e nem o casamento poderiam atender às suas expectativas, e a sensação de vazio, de desgosto, por terem perdido para sempre sua parte mais valiosa.

Entre a gestação, o nascimento e a morte, o nada, o abismo intransponível que tentavam, maniacamente, preencher com relações extraconjugais e com viagens à Alemanha, aos Estados Unidos, a Dublin, à Escócia... A realidade era uma espécie de mal do qual não conseguiram fugir, por mais que tentassem.

A mente, impedida por longo tempo de pensar (o uso maciço de identificação projetiva garantia a expulsão do pensamento), impedida há muito de perceber, observar e avaliar, provocou no casamento uma doença social infecciosa da qual eles tentavam se livrar com sentimentos de vingança, ódio e ressentimentos.

Nesse contexto, imperava a incapacidade de conter os próprios impulsos e o desconhecimento dos próprios limites, cada um deles utilizando o outro principalmente para evacuar o próprio desprazer e esperando que o parceiro tivesse o poder de extrair de si o desconforto.

O outro ficava, assim, reduzido à condição de uma figura inanimada da qual se tornaram dependentes (como parceiros de vício) e que era usada unicamente para satisfazer às necessidades.

À custa de violentos ataques ao pensamento, após alguns anos de convivência nos deparamos com a perversão conjugal.

Em vez de uma relação que objetiva a entrega a um jogo lúdico de sedução, o reencontro vivo do prazer e as vivências de gravidez e de castração: a ilusão de uma psique única.

Na medida em que tentavam perpetuar o estado ilusório de fusão não podiam mais discriminar entre eu e não-eu, entre amor e ódio, entre estar só e estar acompanhado, entre vida e morte. Eric bate o carro da esposa e a responsabiliza por isso. Myriam, enfurecida, diz que não, mas não está certa disso. Ela diz estar comprometida com seu marido, mas viaja para a Alemanha e inicia um caso — *"pela primeira vez, em anos, senti ser amada por aquilo que eu mesma era"*. Eric quer reconstruir — com a mulher ou com a amante, não importa, não consegue discriminar entre uma e outra. Myriam percebe que algo não está bem entre eles; o marido afirma que é ela que não está bem e Myriam quase enlouquece. Dos dois, é ela que, ao menos tenta colocar os pingos nos *is*, saber quem é quem. São tentativas efêmeras das quais fogem tão logo começam a pensar a respeito, é um sinal de alerta não se sabe bem para quê.

Como voltar a consultar a memória, confrontar novamente uma realidade posta de lado tão depressa, retornar aos testemunhos dos primeiros anos de casados, aos tempos remotos da infância? Como reconstruir uma história em que os acontecimentos naturais, principalmente os menos compreensíveis e que fazem parte da grande lógica da vida, foram tão intensamente atacados, mitificados, reduzidos a um mal a ser combatido?

Não é à toa que escrevo após tantos anos sobre a minha experiência clínica com esse casal. Posso perceber agora que, na época, não conseguia entender quase nada do que ocorria em nossos encontros. Eric e Myriam me levaram a visitar o universo narcísico num momento em que começava a me dar conta da complexidade das relações humanas. Fui pega meio de surpresa, meio de supetão na minha iniciação como terapeuta por esse casal que permaneceu por muito tempo em minha memória, principalmente pelo que não pude entender sobre eles e o que despertaram em mim.

***

Refletindo hoje sobre essa experiência, lembro-me de uma belíssima crônica de Clarice Lispector, "A vingança e a reconciliação penosa". Lispector nos mostra de forma literária o mundo narcísico e nos leva do narcisismo ao amor objetal.

A autora descreve primeiramente um sentimento novo que a invade enquanto anda pela Avenida Copacabana, sentimento esse do qual nunca ouvira falar antes. Sente-se a mãe de Deus, sente que é a terra, o mundo, sem qualquer prepotência ou glória, sem nenhum senso de superioridade ou de igualdade. Nesse instante ela é a mãe das coisas.

Foi então que, embalada e inebriada por essa vivência, quase pisa em um rato morto e, no mesmo instante, perde a sensação de plenitude e liberdade que vinha experimentando. A presença do rato mobiliza nela um intenso terror de estar viva; em menos de um segundo, ela se estilhaça em pânico. Corre por entre as pessoas, termina encostada a um poste, cerrando violentamente os olhos para não ver a imagem do rato ruivo, de cauda enorme, com as patas esmagadas e morto.

Em seguida, já mais calma, a personagem é invadida por um outro sentimento: uma grande revolta. "Não poderia, então, nem mesmo se entregar desprevenidamente ao amor? De que estava Deus querendo lembrá-la? Não precisava ter jogado em sua cara tão nua um rato. Então era assim, ela andando pelo mundo sem pedir nada, sem precisar de nada e Deus a lhe mostrar o seu rato".

Sente-se insultada e ofendida com a grosseria de Deus. Ele é um bronco, afirma enfurecida. Mas que vingança poderia ter contra um Deus todo-poderoso, com um Deus que poderia aniquilá-la até com um rato esmagado?

Imagina várias formas de se vingar das grosserias de Deus. Não as suportaria mais. Não guardaria mais segredos; sabia que era ignóbil entrar na intimidade de alguém e depois contar seus segredos, mas faria isso, espalharia o que acontecera, contaria o que Ele fizera, estragaria Sua reputação.

Conheci Eric e Myriam coléricos e enfurecidos diante da possibilidade de perder a luta pelo domínio onipotente, cerrando com força os olhos ao rato, desejando "somente caminhar entre as estrelas, somente tocar a luz". Eles não se conformavam que a vivência ilusória de serem ambos mãe das coisas, mãe de Deus, de serem a terra e o mundo, inevitavelmente viria acompanhada da figura do rato ruivo de cauda longa, e morto.

Essa realidade apavorava-os, estilhaçava-os em pânico. Diante do rato morto, saíram correndo assustados por entre as pessoas, viajando mundo afora, peregrinando em busca do êxtase.

No entanto, depois de cada reencontro com o ilusório, novamente a figura do rato morto prestes a ser pisoteado por pés inebriados pelo sonho de completude narcísica, e outra vez o intenso desejo de vingança, o intenso inconformismo, a sensação de terem sido lesados e enganados.

Chegam à terapia mostrando quanto estavam ressentidos com tamanha grosseria. Não culpavam Deus por uma decepção tão dolorosa, mas sim o outro, e alucinavam que o parceiro era o grande responsável por tamanha crueldade. Queriam cumplicidade da terapeuta, queriam que ela lhes desse razão, que concordasse que o parceiro conjugal era realmente terrível.

No entanto, a crônica de Lispector não termina na ira e na necessidade de vingança; vai além, passa da revolta para o que ela denominou de "reconciliação penosa".

Num encantador encontro consigo mesma, a escritora se debruça sobre outra perspectiva:

*"...Mas quem sabe, foi porque o mundo também é rato, e eu tinha pensado que já estava pronta para o rato também. Por que eu me imaginava mais forte, eu fazia do amor um cálculo matemático errado: pensava que, somando as compreensões, eu amava. Não sabia que, somando as incompreensões, é que se ama. Porque eu, só por ter tido carinho, pensei que amor é fácil. É porque eu não quis o amor solene, sem compreender que a solenidade ritualiza a incompreensão e a transforma em oferenda. É porque sempre tento chegar pelo meu modo. É porque ainda não sei ceder. É porque no fundo eu quero amar o que eu amaria — e não o que é. É porque eu ainda não sou eu mesma, e então o castigo é amar um mundo que não é ele. E também porque eu me ofendo à toa. É porque eu esqueço que quem nasceu depois fui eu ... É porque só poderei ser mãe de uma árvore quando puder pegar um rato na mão. Sei que nunca poderei pegar um rato sem morrer de minha pior morte".*

Não sei se Eric e Myriam conseguiram finalmente se render a uma reconciliação penosa, se conseguiram morrer da pior morte para enfim descobrir o que é o amor, ou se, impossibilitados de enxergar os ratos, continuaram casados com a ilusão (talvez juntos, quem sabe, ou separados, não importa), tendo, paradoxalmente, como única companhia o que mais temiam: a solidão.

# VII. A PSICOTERAPIA DO CASAL

Um casal na faixa dos 30 anos de idade. Casados há sete anos e há oito meses morando em casas separadas.

Têm filhos. O marido mudou-se para um pequeno apartamento, mas não deixou de visitá-los. A princípio só nos finais de semana, depois, com mais freqüência.

Um dia, já tarde da noite, ele resolve dormir por lá mesmo. Isso se repete por várias vezes, até que o casal começa a se perguntar: por que não voltamos a morar juntos?

O marido dizia-se convicto da separação, acreditava ter tomado a decisão correta. Afirmou várias vezes que tinha sido bom para eles. A partir do momento em que resolveu morar em outra casa, ocorreram várias mudanças: a mulher voltou a estudar, algo que sempre desejou, e a relação tornou-se mais satisfatória. Mas receava que essas melhoras desaparecessem se voltassem a conviver na mesma casa.

A mulher não tem muita certeza da separação. Relata que, ao contrário do marido, acredita que o casamento não era tão ruim assim. Nem pior nem melhor do que muitos casais que conhecia. No entanto, existiu outra mulher na vida do marido e isso ela não pôde tolerar. Concordou que seria melhor colocar um ponto final no casamento.

Não estão certos se devem voltar a viver juntos, mas estão de acordo que, embora a relação tenha melhorado significativamente e o marido, desistido da amante, a situação de não estarem nem juntos e nem separados, de estarem juntos, mas separados ou separados apesar de juntos, já estava se tornando insustentável.

No decorrer da entrevista, contudo, percebi que a separação, a situação melhorada depois dela e a dúvida que agora viviam não eram inéditas; pelo contrário, tudo isso ocorria desde que se conheceram.

Desde a fase de namoro, vez ou outra não sabiam mais se deveriam continuar juntos. Estavam bem, tudo parecia correr bem até surgir a dúvida, na maioria das vezes levantada por ele. Nessas ocasiões ele não tinha mais certeza do que sentia por ela, sentia-se sufocado pela relação e desejava ficar sozinho ou conhecer outra mulher.

Ela, por sua vez, permanecia fiel à idéia de levar adiante a relação, mas, desiludida, desistia. Separavam-se. Logo depois, retornaram o namoro repletos de esperança, mas não por muito tempo. As incertezas voltavam a tomar conta dele. E dela também. Eles ficavam sem se ver e depois se reecontravam. Desde que se conheceram, a ciranda de idas e vindas.

Num desses períodos de reconciliação, a mulher engravidou. Chegaram a pensar em aborto, mas acharam que se estivessem casados e com família as dúvidas se abrandariam.

Já estavam no segundo filho e o dilema permanecia só que dessa vez com um agravante: outra mulher. É certo que o marido desistira dessa relação extraconjugal, mas não podia garantir que não voltaria a acontecer se morassem na mesma casa. Sem garantias, a mulher não aceitava. A idéia de que a qualquer momento poderia ser traída não lhe saía da cabeça. Era um pesadelo do qual estava determinada a se livrar, nem que para isso tivesse de se divorciar. Queria se livrar dessa ameaça de uma vez por todas.

O que fazer? Talvez remontar uma história que já parecia acabada, simples demais. Por onde começar?

No início da entrevista, o casal transmitiu a idéia de que o problema residia na tentativa recente e frustrada de separação. Pareciam acreditar que morando em casas diferentes poriam um ponto final na relação insatisfatória (?), problemática (?). Mas não deixam isso claro. Para o marido, talvez sim. A mulher não estava bem certa disso.

De qualquer maneira, o que num primeiro momento parecia ser uma solução acabou remetendo-os a uma situação ainda mais intolerável. Se antes persistia o dilema juntos ou separados, depois de decidirem morar em casas separadas surgiu um outro dilema aparentemente mais novo mas não menos perturbador e insatisfatório: nem juntos e nem separados; juntos, porém separados; separados apesar de juntos.

Não falam dos oito anos de convivência, dos atritos, dos amores e desamores, dos conflitos, dos momentos de prazer; tudo se resume a não saberem mais o que fazer, uma vez que se separaram mas continuaram juntos. Apresentavam-se como um casal impotente, presos numa armadilha, sem saber como sair dela. Mais do que isso, estavam confusos e já não sabiam mais o que era estarem juntos ou separados.

Será que algum dia souberam discriminar essas instâncias? Talvez não. E a cada vez que se confrontavam com tal revelação, provavelmente distanciavam-se fisicamente um do outro, como uma forma de imobilizar um pensamento que começava a se mover dentro da mente de cada um.

De que conteúdos mentais, de que apelo mudo tentavam se desvencilhar com as repetidas tentativas de afastamento e reaproximação?

Pareciam acreditar, como muitos casais que atendi, que o casamento em si seria capaz de acabar com os desconfortos e os desagrados experimentados durante o namoro. Como isso não ocorreu, lançaram mão de outro artifício: a separação.

Casamento e separação são vividos em fantasia como forças suficientemente poderosas para aniquilar, de vez, os temores, as angústias e as necessidades intoleráveis. Esse casal persegue o casamento e a separação como crianças cujos problemas terminam quando correm para os braços da mãe e começam quando não encontram o alvo para o qual se dirigiam. Entre o abismo e a solidão, ficam com o segundo; e com voz segura, mas cheios de desespero e decepção, dizem: "Não preciso mais de você. Nosso casamento está acabado. Fim. Ponto final". Decidem viver em casas diferentes para logo em seguida descobrir que a última decisão não passava de um mero intervalo, um novo parágrafo, uma simples vírgula, talvez. Transtornados e desiludidos chegam à psicoterapia com a sensação de que foram traídos e enganados.

Provavelmente casaram-se e se separaram acreditando cegamente nas aparências. Movidos por um raciocínio simplista, equacionavam o casamento e a separação com morar numa mesma casa ou em casas diferentes.

Um casamento de mentira? Uma falsa separação? Talvez tenham se esforçado para criar uma aparência de crescimento, mas seus falsos movimentos devem ter impedido a compreensão dos substratos mais obscuros da mente de cada um. Como se no fundo dissessem para eles mesmos, nos cantos indevassáveis da mente ou na floresta encoberta pela névoa: "Prefiro me manter oculto, escondido, para não ter de experimentar o que é amar, o que é casar."

Desde que se conheceram, a ciranda de idas e vindas. Quando tudo parecia estar bem, ele não sabia mais se queria permanecer ao lado dela: ela, por sua vez, parecia pensar que o que mais temia tinha acontecido: fora traída e abandonada. Tudo permeado de uma forte sensação de perda, desconforto e desagrado, mas talvez, também, de uma espécie de triunfo, na medida em que os fazia voltar a um estado de auto-suficiência narcísica.

Na clínica encontram-se casais com uma série de fantasias em relação ao casamento e à separação. Uns vivem a ilusão de que é melhor perder do que estragar. Para esses, a separação equivale a uma tentativa alucinada de preservar a relação. Outros vêem a separação como a idéia da morte. Lançam mão de uma série de artifícios para manter, ilusoriamente, um casamento indissolúvel.

Há também aqueles para os quais o matrimônio é permeado de desejos, necessidades e fantasias edípicas. Como Édipo, que não conseguiu prosseguir seu caminho e Layo, que o impediu de passar, o casamento está imerso num clima de suspense, de tragédias, de possíveis traições. Para outros, a relação conjugal é um reviver pré-edípico. A união com o outro é ao mesmo tempo intensamente buscada e repudiada, talvez por representar um agente desintegrador, temido pelo caos, pela confusão e pela desordem provocados na mente que tenta sair de um estado narcísico.

Os casais chegam à psicoterapia cegos e amedrontados diante de um mundo relacional que estava presente, que sempre esteve presente embora fosse evitado, recusado, reprimido e dissimulado. Através da psicoterapia, aos poucos esse mundo vai sendo desvendado. Eles falam, olham-se, relatam seus momentos de amor, de desamor, seus atritos e reconciliações. Repetem várias vezes o que já foi dito, às vezes falam ao mesmo tempo, outras ficam em silêncio.

Em primeiro plano é mostrado como agem um com o outro em casa, quando estão juntos ou separados, na presença dos filhos, dos amigos, de familiares; por trás do que é mais evidente, o terapeuta vai aos poucos percebendo que existe alguma coisa "estranha", mal entendida, absurda, que de vez em quando salta para a cena principal. Um sorriso, um sussurro, um padrão de interação que se repete ... um cochicho, um gesto, uma frase destoante, às vezes um indício de que o mais importante estava sendo deslocado para um outro ponto.

Por trás do que é afirmado, questionado e reclamado, existe uma ordem oculta sob diversas camadas superpostas, difusas, perdidas em meio a contradições que só podem ser percebidas na medida em que o terapeuta põe de lado o pensamento puramente racional e consegue conviver com as estruturas da relação que estão sendo apresentadas e que se ramificam em inúmeras direções.

Às vezes caminhamos por terrenos mais familiares e associamos o que nos é apresentado em níveis de fantasia oral, anal, edípica e genital, todos extensamente tratados pela psicanálise; mas constantemente nos deparamos com novos aspectos estruturais que parecem extrapolar o que já é tão conhecido. O resultado disso é uma sensação de caos, como se todo o nosso conhecimento tivesse sido destruído. No entanto, é imprescindível permanecer num estado de desconhecimento, elaborar uma hipótese, desmontá-la, refazê-la, reconstruí-la, ampliá-la, desdobrá-la, remontá-la. É importante poder flutuar, junto com o casal, do que é conhecido e altamente diferenciado para as estruturas mais ocultas e menos diferenciadas, sem sucumbir à tensão provocada pela sensação de caos quando penetramos em níveis mais obscuros da relação.

Às vezes, por intolerância ao desconhecido, queremos entender de forma absoluta a raiz dos descompassos dos casais, queremos desvendar completamente seu universo inconsciente.

Nossa fome de sabedoria nos incita a explicar de forma lógica e racional todo o possível absurdo, contraditório e paradoxal existente numa relação conjugal. Embriagados por esse desejo, acabamos acreditando que os conceitos já assimilados formulam concretamente o que ocorre com o casal que está na nossa frente. Apressamo-nos a fazer generalizações ou tentar encaixar em algumas teorias, o que estamos vendo, e assim desenvolver técnicas cada vez mais sofisticadas.

Não mais um psicoterapeuta, mas uma equipe. Não mais uma simples sala de atendimento, mas sim, salas com espelho unidirecional. Nada de anotar as sessões para discuti-las posteriormente com o supervisor, mas a supervisão ao vivo.

Uma exigência exagerada à precisão do visível. Uma tendência demasiada a passar a observação por um crivo lógico. Nesse sentido, a psicoterapia do casal que proponho não diverge significativamente da psicoterapia individual da base analítica.

Exige-se do psicoterapeuta a capacidade de tolerar os momentos de confusão, desconhecimento, incerteza e dúvida, de aceitar os sentimentos mais primitivos: os ódios mortais, as paixões de loucura, as alienações, as impraticabilidades e as controvérsias que vão aparecendo nos atos falhos, nos sonhos e na transferência e contratransferência.

Mas enquanto na psicoterapia individual trabalhamos esses aspectos através da reedição das fantasias e das emoções revivenciadas *com* e *na* figura do psicoterapeuta, na psicoterapia de casal os cônjuges trazem, desde o início, desde o primeiro encontro, o processo transferencial e contratransferencial entre eles (intraconjugal), tecido ao longo de vários anos de convivência.

Assim, a transferência e a contratransferência na relação com o terapeuta e com a terapia são secundárias, mas não menos importantes.

Recordo-me de um casal já de meia-idade. Segundo ele, nada de muito grave estava acontecendo, mas há algum tempo estavam tendo dificuldade de conversar. O marido viajava muito, mal via a esposa. Percebiam que algo não ia bem, mas não sabiam claramente por que se sentiam um pouco insatisfeitos com o casamento.

O que segue é uma sessão logo no início da terapia.

Chegaram apressados, e antes mesmo de se acomodarem nas poltronas, o marido se põe a falar. Diz que quase sofreram um acidente na estrada e que talvez não pudessem continuar a terapia porque o percurso da casa ao consultório (moravam em outra cidade) era muito perigoso e a mulher ficava nervosa durante a viagem. Ele fala tudo de uma vez, de supetão.

Após alguns minutos de silêncio o marido continua seu relato. Conta que nas últimas férias fez um seguro de vida, pois não gostava de pensar na possibilidade de deixar sua família desprevenida e desamparada.

Digo a eles que analisar a relação conjugal parecia ser um risco grande demais, pois podia significar o término da vida a dois e da família. Eles discordam. Insistem que o problema era o percurso perigoso entre a casa e o consultório.

Uma breve pausa. O marido diz que ao acordar pela manhã lembrou-se de que era dia de terapia. Sentiu um ligeiro mal-estar que logo passou. Ficam ambos em silêncio por alguns instantes. O marido se recorda da pior e da melhor viagem de sua vida.

O filho mais novo adoecera tempos atrás. Teve febre alta, convulsões, nada o tirava daquele quadro. Recomendaram que o levassem a São Paulo, suspeitava-se de uma doença grave, talvez necessitasse de cirurgia. Durante o trajeto, experimentaram intensa ansiedade quanto ao que iria ocorrer ao filho. Acreditavam que ele estava realmente muito mal e que acabaria morrendo. Para alívio e surpresa de todos não era nada sério, apenas uma desidratação. Tão logo foi medicada, a criança apresentou sensível melhora e no dia seguinte puderam voltar para casa.

Propus pensarmos na possibilidade de que a análise da relação conjugal estava sendo vivenciada por eles como algo muito perigoso. Poderiam chegar à conclusão de que a relação padecia de um mal incurável, já que estavam indo à terapia há algum tempo e, ao contrário do que ocorreu ao filho, não apresentaram uma melhora imediata. Logo em seguida, o marido fala um pouco mais do desconforto que sentiu pela manhã, quando se lembrou da terapia. Disse ter sentido medo, um medo intenso e momentâneo de perder a mulher, os filhos, enfim, tudo o que vinha construindo há anos.

A fala do marido faz com que a mulher se lembre de ter pensado várias vezes durante o dia em desistir da terapia. Afinal, ela disse, não se davam tão mal assim e, se começassem a mexer muito, poderiam pôr tudo a perder.

Investigar e verbalizar as idéias e os sentimentos intoleráveis em relação a si mesmo, ao outro e ao casamento era fantasiado como algo mágico capaz de destruir o que tinham de valioso.

Padeciam da idéia delirante, embora tranqüilizadora, de que a não conscientização de seus conflitos, de suas ansiedades e necessidades equivalia à não existência dos mesmos: o que nos incomoda desaparecerá magicamente na medida em que "fingirmos" que não existe; dar ouvidos e falar do que nos incomoda, pode provocar uma catástrofe.

Eles reproduzem na terapia o modo habitual de funcionamento. Transferem para o processo psicoterápico seus temores de desorganização frente à possibilidade de investigar e verbalizar os aspectos mantidos até então silenciosos e fora da percepção.

\*\*\*

Quando um casal busca a psicoterapia está revelando uma instância desmontada. O casamento constituía uma matéria até certo ponto conhecida, repleta de traços de expressões visuais e sonoras e de comportamentos que se encadeavam e se associavam de forma a produzir uma unidade.

Cada cônjuge possuía uma imagem dominante de si mesmo, do outro e da relação, imagem essa que era complementada ou compartilhada pelo outro. Mesmo distorcida, essa imagem definia e delimitava o casamento. Havia um todo que englobava cada um dos cônjuges e também a relação que os mantinha vinculados; fossem quais fossem as diferenças, as igualdades e as oposições, eles formavam uma unidade significativa em si mesma.

Buscar a psicoterapia é sinal de que sofreram um golpe, senão o primeiro, ao menos o mais certeiro nessa concepção.

Perdeu-se a unidade pessoal e coletiva. O casal está sendo arrastado para a decomposição. Apresenta uma fissura no núcleo de vivência mútua e recíproca, uma rachadura no ponto de intersecção entre o atual e o seu virtual.

Não há mais a ilusão de acorde perfeito, apenas sons dissonantes, desencadeados, imagens soltas, a sensação de que desapareceu toda a seqüência de interação que bem ou mal assegurava uma certa continuidade na relação. Já não existe mais o azul do céu. O céu deixa de ser harmônico ao azul e esse azul não é mais o único tom do céu.

Alguns falam do casamento como se falassem de um sintoma do qual devem se livrar para atingir a cura, mas que não desaparece facilmente. Como um quisto, uma presença estranha que provoca dor e ansiedade.

Falam como se estivessem diante de um clínico que vai registrar suas queixas e decidir qual é o diagnóstico e a prescrição: não agüento mais as criancices dele, os desaforos dela, a impotência dele, as desconsiderações dela, as brigas dele, a frigidez dela, a insensibilidade dele, a eterna insatisfação dela. Não dá mais, faça alguma coisa para me livrar disso, dela, dele, do casamento. Faça alguma coisa, senão sufoco!

Falam do outro como se falassem de uma fera, de um monstro, de um alienígena que lhes roubou a alma, ou de um príncipe encantado, que com um único beijo, transformaria um castelo em ruínas num paraíso de vida e beleza.

Desfilam imagens, imagens contraditórias e insatisfatórias em excesso ... Esgotaram todos os recursos, não podem mais reagir, não agüentam mais ficar juntos mas também não conseguem se separar. Nem mesmo o divórcio, herói incerto que sonha com a aniquilação do sofrimento, pode ser levado a termo.

Certos casais chegam até nós vivendo momentos penosos da relação, outros nem percebem que estão passando por um período crítico no casamento. No entanto, seja através de intensos e explícitos ataques ao outro e ao casamento, seja através de uma eficaz negação dos conflitos e desavenças, os casais parecem dizer: "Estamos numa emboscada, perdidos num labirinto. Não dá mais para permanecer onde estamos e não dá para prosseguir".

E os casais são extremamente hábeis em nos fazer acreditar que temos a solução, que podemos fornecer a estratégia para livrá-los da armadilha que armaram para eles mesmos desde o primeiro encontro. Em geral são eficientes em nos fazer crer que somos capazes de livrá-los da desilusão, do verniz que caiu, da inquietação gerada pela falta de equilíbrio entre sentimento e mundo, entre sonho e realidade. Revelam um casamento e um parceiro insatisfatórios. Relatam uma biografia repleta de queixas. Mostram que não têm recursos para modificar a situação.

No entanto, um observador mais atento pode entrever por trás das reclamações os efeitos colaterais de uma relação dominada pela repetição e pela atuação. Ao expor seus atritos e dissabores, os casais demonstram também a impossibilidade de pensar. A impotência de pensar no todo e de pensar em neles mesmos em relação ao todo. Mostram-nos um pensamento petrificado, deslocado, desabado.

Como já assinalamos nos capítulos anteriores, uma relação conjugal recolhe o essencial do indivíduo e converte em potência o que até então era só possibilidade. Por sua vez, o que foi potencializado reage sobre cada um dos cônjuges.

Esse processo leva o indivíduo ao seu limite e o força a pensar em si mesmo e no todo, e ao mesmo tempo ativa mecanismos de atuação pela impossibilidade de pensar sobre isso. Encurralados, os casais procuram uma saída sutil. Um retorno ao habitual ou uma transformação mágica, sem que para isso tenham de invocar o passado e investigar a história do casamento, as motivações inconscientes para a escolha de parceiro, o significado mais amplo e profundo do casamento. Sem que tenham de enfrentar a perda da ilusão inicial.

Desejam uma mudança, contanto que continuem a não pensar nas forças emocionais que estão em jogo, nas regras inconscientes que determinam e delimitam a relação.

Paradoxalmente, é quando o casal se depara com o impensável, com a impotência do pensamento, quando já se esgotaram todas as possibilidades, é nesse instante que estão sendo forçados a pensar.

Quanto mais o casal insistir na perpetuação de uma forma específica de interagir, quanto mais teimar em manter intatos os pontos de intersecção entre o atual e o virtual, mais essa crença devorará a substância do pensamento e ocupará seu lugar.

\*\*\*

Quando os casais procuram psicoterapia, apresentam como figura de frente um descompasso, um desencontro, um desacordo, e como figura de fundo um encontro com o que até então era impensável, que por sua vez corre o risco de não ser reconhecido e apenas atuado.

Trazem a desarmonia e também a presença de conteúdos mentais clivados, fragmentados, esfacelados, cuja verbalização é fantasiada como causadora de conseqüências desastrosas e deploráveis.

Diante do casal, devemos ter cuidado para não incorrer, no mínimo, em dois erros: acreditar, como eles, que o problema está no outro ou então no casamento, e cair na tentação de oferecer soluções para o casamento insatisfatório. Presos nessa armadilha, nos desviamos do fundamental, que é objetivar o funcionamento do pensar. Esse funcionamento é, ao meu ver, o sujeito que nos mantém no contexto psicoterápico.

De um estado em que o casal simplesmente reage ou se acomoda a uma maneira "impensada" de interação, existe também a possibilidade de ao menos tentar desvendar a situação.

Nesse sentido, esta abordagem distancia-se das que privilegiam trabalhar os fatos concretos apresentados e manifestados pelo casal e através de intervenções mais ou menos diretivas tentam possibilitar um convívio ou uma separação menos traumática.

Ao contrário das abordagens centradas no sintoma, enfatizamos a investigação da razão de ser inconsciente para a motivação da escolha de parceiros, para permanecerem juntos ou para a separação.

A investigação do psiquismo conjugal, do universo relacional mantido fora da percepção, dá-se mediante a análise da transferência e da contratransferência intraconjugal e torna-se palpável pela análise da situação de transferência e contratransferência do casal em relação à terapia e ao terapeuta.

Essa, no entanto, não é uma abordagem imposta pelo terapeuta, mas resulta da disponibilidade do casal para analisar a relação, pois nem todos estão aptos para esse tipo de trabalho.

Embora os casais manifestem, num primeiro momento, o desejo de resolver o mais rápido possível uma relação dolorosa, têm também uma disponibilidade (maior ou menor, dependendo do desenvolvimento emocional de cada um) analítica que é intrínseca ao próprio ser. É um sentimento, por menor que seja, de que deverão finalmente se confrontar com algo que sempre se negaram a enxergar e analisar. Na maioria das vezes, com o desenvolvimento da terapia, eles observam que o próprio fato de terem se casado foi uma estratégia a mais para o fortalecimento dessa negação.

Com efeito, cabe aqui questionar se as abordagens centradas no sintoma não propiciam um campo fértil para a atitude defensiva do casal em relação ao pensar, fornecendo uma condição ideal à atuação.

A partir dessas formulações, a questão a ser abordada na terapia do casal não é mais o casamento ou o divórcio, o convívio menos traumático ou a separação mais civilizada, mas sim sustentar o olhar naquilo que de uma maneira ou de outra estamos vendo (o terapeuta e o casal).

Indo mais além, uma vez perdido o estado inicial de apaixonamento, será que essa perda pode deixar de ser um luto interminável?

Prosseguindo nessa trajetória, será que podemos falar do que não temos mais e do que nunca pôde ser, lembrarmos do que foi irremediavelmente perdido, deixarmos que as cenas e os personagens que atuavam no momento da paixão retornem ao seu lugar de origem?

# VIII. TRANSFERÊNCIA E CONTRATRANSFERÊNCIA NA PSICOTERAPIA DO CASAL

O manejo da transferência e da contratransferência na psicoterapia do casal é polêmico. Os que seguem o modelo sistêmico, tais como Pallazolli, Cecchin e Boscoli, falam dos benefícios e prejuízos da contratransferência, mas são incisivos em afirmar que a abordagem da transferência pode deixar o terapeuta à mercê da manipulação familiar. Os que se fundamentam no pensamento analítico, consideram a transferência e a contratransferência o único fenômeno interessante, a pedra angular do processo terapêutico em qualquer modalidade, seja individual, de casal, de família ou de grupo.

Não é minha intenção aqui falar das vantagens e desvantagens de cada um desses modelos teórico-práticos, embora possa, num primeiro momento, como já salientei em um outro material[9], considerar que a total "proibição" da análise desses fenômenos não permite que, através da elaboração e da interpretação dos mesmos, o casal ultrapasse a idealização e mantenha o terapeuta num pedestal. Por outro lado, a utilização indiscriminada e estereotipada desses fenômenos no processo psicoterápico pode conduzir a terapia a um clima artificial de irrealidade em que se acaba perdendo de vista quem é quem.

É impossível afastar do espaço psicoterápico a transferência e a contratransferência. Esses são fenômenos intrínsecos às relações humanas, e é uma ilusão querer evitar que se instalem na terapia.

Proponho uma breve discussão sobre como a transferência e a contratransferência se manifestam na psicoterapia do casal.

Diferentemente de uma psicoterapia individual ou de grupo, o casal leva para a terapia vínculos transferenciais e contratransferenciais tecidos ao longo de vários anos. Isso, acredito, faz com que esse fenômeno apareça nessa abordagem terapêutica de forma maciça, penetrante e imediata. O terapeuta sofre, desde o início, uma interferência intensa da transferência a dois que se faz presente, a partir de um pacto inconsciente que já dura vários anos.

É um pacto já desgastado pelo tempo. Não é mais possível mantê-lo mas ainda não dá para modificá-lo. Mas os casais não têm consciência disso, desse dilema latente que povoa grande parte da relação. Falam de um casamento conflituoso e insatisfatório e, sem saber o que fazer com seus problemas de convivência, buscam ajuda.

De imediato, o terapeuta é colocado na posição daquele que "sabe" qual é a melhor maneira de reverter a situação, já que nenhum dos cônjuges foi capaz disso. É comum os casais dizerem que procuram terapia, senão para melhorar a relação, ao menos para conseguirem se separar de forma civilizada. Imputam ao terapeuta o papel de "orientador" e resistem a reconhecer que têm problemas de desenvolvimento pessoal.

O terapeuta atrai para si essa idealização e acaba impregnado pelo desejo do casal de que alguém possa lhes ensinar como viver juntos sem conflitos ou se separar sem traumas.

Na medida em que a terapia progride, começa a aparecer um confronto entre a onipotência do casal, identificativamente projetada no terapeuta, e o poder limitado deste.

Ao perceber que não receberá uma orientação eficaz contra os seus conflitos conjugais, o casal é formado por intensa raiva que chega à superfície de diferentes formas. Alguns atacam (por frustração e inveja) o *setting*. Chegam atrasados, não conseguem vir juntos, faltam. Outros têm a impressão de que o terapeuta "sabe de tudo, mas não quer repassar sua sabedoria". Ele é visto como possuidor de poderes, prazeres e riquezas. É aquele que "está por cima", enquanto os cônjuges são pobres em capacidade e satisfação.

Não é raro que o terapeuta, nesse período "decepcionante" da terapia, seja vivido como uma pessoa sem muitos atributos e sem capacidade para ajudar de fato. Vimos esse fenômeno no Capítulo 6, quando Eric e Myriam, incapazes de tolerar a dor provocada pela análise das "personagens internas" que estavam sendo atualizadas na relação, tentam se reassegurar de que possuem um núcleo interior indissolúvel — um núcleo muito mais poderoso do que qualquer terapeuta.

Alguns casais, como por exemplo o que foi discutido no Capítulo 5, comportam-se como se esperassem pouco da terapia, mantendo um *low profile* do tratamento, ignorando o que podem receber, passando seu tempo dizendo que está tudo na mesma, que nada está mudando, que continuam iguais.

Diante das angústias do desconhecido, da incerteza, da emergência dos aspectos psicóticos da relação, da perda de um equilíbrio homeostático, o casal reage defensivamente. Esse processo se cristaliza no vínculo transferencial com o terapeuta através de tentativas diversas para imobilizá-lo. Mas é através desse fenômeno que é possível ir visualizando o modo habitual de funcionamento do casal, o seu repertório de reações defensivas, compartilhadas ou complementares, que são utilizadas contra a realidade e a eventual transformação da mesma (identificação projetiva, cisão, idealização, negação, onipotência, deslocamento, reparação maníaca, etc.).

Face à transferência do casal, o terapeuta vivenciará representações, sentimentos e pensamentos: ele reagirá contratransferencialmente.

A postura cautelosa de Freud frente a esse fenômeno incentivou inúmeros estudos sobre a contratransferência, que atualmente é considerada como um importante instrumento para a compreensão do mundo interno do paciente.

Heimann[10], por exemplo, nos diz que "a acepção básica consiste em o inconsciente do analista compreender o inconsciente do paciente. Esta relação profunda chega à superfície na forma de sentimentos que o analista percebe em resposta ao seu paciente, na contratransferência".

Como a contratransferência se manifesta na psicoterapia do casal?

O terapeuta pode sentir um sono profundo, uma letargia, como o que aconteceu diante do casal descrito no Capítulo 5.

Da mesma maneira, através de uma relação desafetada esse casal tentava evitar uma dependência latente e muito temida do parceiro, no seu vínculo com o terapeuta, os seus objetos internos, temidos e repudiados, não deveriam ser atualizados e externados. Pelo controle de suas comunicações, pela racionalização, pela monotonia do modo de falar e pela destruição dos afetos impediam a relação transferencial com o terapeuta, provocando nele uma sensação de distanciamento, de exclusão de impotência com relação ao curso das sessões, de sonolência e letargia.

Já com Myriam e Eric, o terapeuta vivenciou sensações de estar enloquecendo, de grande confusão, de não saber quem era quem ou o que estava sendo dito e sentia dificuldade de memorizar o que ocorria na sessão.

Impossibilitados de se reconhecer um ao outro, de vivenciar dependência, saudade e limitação, Eric e Myriam utilizavam predominantemente mecanismos de identificação projetiva, de idealização e onipotência. O terapeuta vivenciava, contratransferencialmente, as conseqüências do uso maciço dessas defesas.

Como terapeutas, podemos ainda experimentar transtornos em relação à auto-estima e uma hipervalorização do próprio trabalho. Podemos sentir que não estamos fazendo nada ou entrar numa megalomania diante do que está sendo produzido de fato.

Algumas vezes sentimos ódio, amor ou angústia por um dos cônjuges ou pelo casal. É freqüente a contratransferência ser sentida em nível somático, como dores no pescoço, nas costas, uma tensão extrema que se manifesta em nível dos músculos. Com casais que manifestam pouca capacidade de elaboração mental e simbolização podemos sentir ainda necessidade de atuar, a forte tentação de responder a eles de modo diretivo, oferecendo orientação para seus problemas atuais.

Como o terapeuta trabalhará esses "transtornos" de pensamento, de afeto, do soma e da conduta na relação contratransferencial com o casal, dependerá de seu desenvolvimento pessoal.

Racker[11] fala da contratransferência direta ligada à transferência do paciente, e da contratransferência indireta que traduz as dificuldades próprias do terapeuta desencadeadas pelo tratamento.

Cabem, aqui, algumas considerações sobre as motivações inconscientes do terapeuta para realizar esse tipo de trabalho, e que podem estar relacionadas com as manifestações de contratransferência indireta.

\*\*\*

O que leva um indivíduo a cuidar de casais com problemas? Que angústias inconscientes o impulsionam a cuidar de casais que não conseguem ser felizes juntos?

Penso que a motivação inconsciente envolvida nessa escolha profissional está relacionada a conflitos de ordem edípica, manifestados por angústias esquizoparanóides ou depressivas.

Diante da culpa gerada pela fantasia de ter destruído a relação dos pais por inveja, ciúmes e o desejo de possuir a figura materna ou paterna só para si, ser psicoterapeuta de casal relaciona-se a uma tentativa inconsciente de reparar maniacamente o casamento dos pais internalizados.

Nesse sentido, ele ficará tentado a relacionar o êxito terapêutico à perpetuação do casamento. Temendo uma eventual separação dos cônjuges, o terapeuta trata de "empurrá-los" para uma relação indissolúvel. A manifestação de um desejo de separação da parte dos cônjuges é vivida pelo terapeuta com intenso sentimento de culpa que poderá ser aplacado através de condutas agressivas, de submissão ou sedução. Em outras palavras, o terapeuta identifica-se com um objeto interno mau do casal e se sente culpado pelo destino da relação. Naturalmente, ele apresentará uma acentuada dificuldade para facilitar aos cônjuges a elaboração de suas fantasias em relação ao casamento e ao divórcio e de seus conflitos edípicos reativados na experiência conjugal.

Enquanto a vivência edípica de caráter depressivo leva o terapeuta a cuidar de casais com o propósito de uma reparação maníaca, a vivência edípica de caráter esquizoparanóide estaria ligada a uma reação defensiva a determinadas imagens agressivas direcionadas para a relação dos pais internalizados. Cuidar de casais com problemas de convivência surge, então, da necessidade de conjurar ou anular a agressão primitiva direcionada à figura internalizada dos pais enquanto casal.

A defesa de um objeto vivido como sádico é o que leva o terapeuta a converter o casal (através de identificação projetiva) a um par altamente destrutivo. Ou então, o casal é visto como o objeto principal pelo qual o terapeuta quer ser aceito e amado.

O êxito da terapia equaciona-se, nessas circunstâncias, a uma relação harmoniosa isenta de qualquer manifestação de agressividade. Dessa forma, qualquer agressão entre os cônjuges ou direcionada ao terapeuta é imediatamente convertida em superego do terapeuta, um superego que lhe diz: "Você é mau!" Devido à própria neurose do terapeuta, a terapia fica imbuída de uma finalidade última: levar o casal a um estado de bondade absoluta.

Naturalmente, isso pode não só inibir a agressão dos cônjuges, mas também dificultar o desenvolvimento de todas as transferências negativas (a transferência de um superego cruel e de outros objetos internos vividos como frustrantes).

O terapeuta tenderá a evitar vivências de frustração, e os estados de tensão irão se expressar na busca de uma rápida pacificação dos cônjuges e das situações transferenciais negativas, por exemplo mediante a rápida reconstrução da imagem boa do terapeuta, dos cônjuges e do casamento.

Resta ao casal comportar-se na terapia de forma a bloquear e reprimir a agressão, e conseqüentemente aumentar essas atuações em casa.

Descrevi de forma didática os aspectos relacionados à vivência edípica do terapeuta e como essa vivência influencia sua escolha profissional no trabalho com casais.

Falei das características presentes em todo ser humano, portanto em todos os terapeutas de casal. Em alguns predomina a angústia depressiva, em outros, a angústia esquizoparanóide, mas em cada um em diferentes graus de intensidade.

Uma vez que o terapeuta percebe a vivência contratransferencial dessas características, elas podem ser utilizadas para a compreensão e interpretação dos processos do mundo interno e externo do casal. Mas se elas se mantêm inconscientes, redundam numa *"folie à trois"* a serviço da organização psicótica do casal.

A análise dos próprios conteúdos mentais primitivos habilita o terapeuta a trabalhar a complexa dinâmica dos casais na qual ecoa sua própria experiência pessoal.

# IX. NOTAS BIBLIOGRÁFICAS

1. BARTHES, R., *Fragmentos de um Discurso Amoroso*. Rio de Janeiro, Francisco Alves, 1991.
2. ALVES, R., *O Retorno Eterno*. Campinas, Papirus, 1992.
3. HERMANN, F., *Clínica Psicanalítica: a arte de interpretar*. Brasiliense, São Paulo, 1992.
   _____ *Um Divã a Passeio*. São Paulo, Brasiliense, 1993.
4. WINNICOTT, D. W., *A Natureza Humana*. Rio de Janeiro, Imago, 1990.
   _____ *O Brincar e a Realidade*. Rio de Janeiro, Imago, 1990.
5. KEHL, M. R., "Masculino/feminino: o olhar da sedução", in *O Olhar*, Adauto Novaes/(org.). São Paulo, Companhia das Letras, 1990.
6. McDOUGALL, J., *Teatros do Corpo*. São Paulo, Martins Fontes, 1991.
   _____ *Em Defesa de uma Certa Anormalidade* 2.ª ed.; Porto Alegre, Artes Médicas, 1987.
7. MARTY, P. e DE M'UZAN, M., "La Pensée Operatoire", in *Revue Française de Psychanalyse* 27, p. 345-346, 1963.
8. KERNBERG, O. *Mundo Interior e Realidade Exterior*. Rio de Janeiro, Imago, 1980.
9. CALIL-LAMANNO, V. L., *Terapia Familiar e de Casal*. São Paulo, Summus, 1987.
   _____ LAMANNO, V. L., *Relacionamento Conjugal*. São Paulo, Summus, 1990.
10. HEIMANN, P., "On Countertransference", *Intern. Jour. Psych.* XXXI, 1950.
11. RACKER, H., *Técnica Psicanalítica* 2.ª ed. Porto Alegre, Artes Médicas, 1986.

Impresso na
**press grafic
editora e gráfica ltda.**
Rua Barra do Tibagi, 444 - Bom Retiro
Cep 01128 - Telefone: 221-8317